MANGA **TABLE TENNIS** PRIMER

就是愛打桌球！

讓你技巧進步的漫畫圖解桌球百科

漫畫◎大富寺航
編劇◎株式会社ウェルテ
監修◎山口隆一（阿口）〔WRM〕
翻譯◎陳姿瑄
審訂◎王明月《國立高雄大學運動競技學系教授》
　　　吳文嘉《臺灣桌球名將》

前言

在日本，桌球正颳起一陣旋風。中學社團活動時，我選擇加入桌球社，從這個起跑點出發，進而踏入職業選手的行列。至今我指導過五萬名以上的選手，深深感受到桌球這門競賽，就算起步晚也有機會成為頂尖選手。而桌球，就是一種連小學生都有可能打贏大人的運動。

無論是小學生或銀髮族，只要抱持輕鬆心情開始學桌球，都能把桌球當成終身運動，持續打上五、六十年。最重要的是，桌球不單只有競技方面的樂趣，透過比賽與練習，還能和各年齡層的人交流，找到許多同好，是一種有益健康、好處多多的運動。

這本書收錄包括相持、旋轉球等許多內容，大家可以藉此學習桌球的基本技術，快樂成長，最終進步到打贏比賽。

桌球每秒大約會轉動一百八十圈，是強勁旋轉的球類，也是一種非常深奧的運動，一百個桌球球員就會有一百種打法風格，歡迎大家一起來探索，建立出自己的風格。

山口隆一（阿口）【WRM】
效力於日本職業桌球隊「琉球未來太陽隊」

書中解說頁會附上類似左方的QR-code。用手機讀取後，就能連結相關的WRM桌球影片（Youtube）。

※影片內容為日文，有可能未經預告即修改或刪除，敬請見諒。

登場人物

⭐⭐⭐ 三浦慎吾

桌球初學者，擅長變魔術。受到啟太的邀請，在廣瀨桌球用品店開設的桌球教室展開桌球之路。

⭐⭐⭐ 廣瀨梨花

三歲開始打桌球，是位曾在全國大賽奪冠的天才桌球少女。目前在尋找桌球以外的興趣。

⭐⭐⭐ 桐島聖治

廣瀨桌球教室成員。和梨花是童年玩伴，最近碰到了「撞牆期」（無法再進步、突破）。

⭐⭐⭐ 小嶋啟太

廣瀨桌球教室成員，邀請慎吾一起來打桌球。個性容易退縮，從未贏過比賽。

⭐⭐⭐ 廣瀨華

廣瀨桌球用品店的老闆。由於女兒梨花最近不想再打桌球，正在尋求解決之道。

⭐⭐⭐ 阿口

桌球推廣者。在「桌球用品專賣店WRM」上傳許多教學影片，並在各地講授專業課程。

⭐⭐⭐ 菊地三兄弟

菊地桌球用品店的三兄弟，也是廣瀨桌球教室的競爭對手，有時會跑來搗亂。

目次

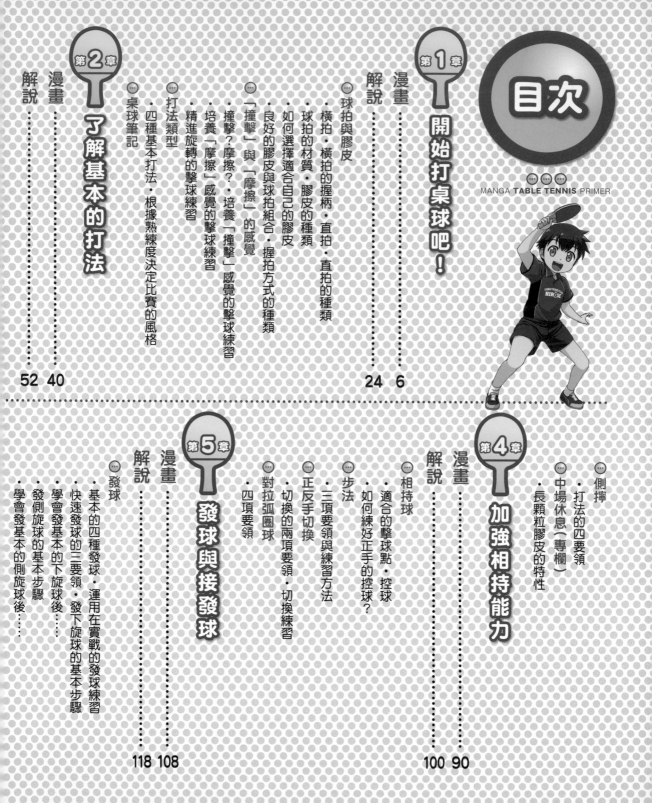

我的同班同學三浦慎吾，他或許可以當這次比賽的外援。

啟太，他是誰？

好可愛。

而且……

外援……媽媽？

因為我聽啟太說，他有個手很靈巧的朋友。

慎吾打桌球？

哈、哈、哈、哈！

我叫三浦慎吾。

歡迎你來。你叫……

8

嗚

這次是三對三對抗賽，你們已經先拿到一勝。你們少一個人，等於我

而且，那兩個人有贏過我們嗎？

哈哈哈！

你真愛說笑話。

你嘴巴太壞了。

我想到一個好主意。

反正對抗賽會一直辦下去，不如你們棄賽，讓我們不戰而勝。

這主意真不錯！

颯

喂！你們幾個。

別亂講話，運動員就該用運動來決勝負。

10

我不知道你們有多強，

但像你們這種只會說無聊話的人，我絕對不會輸！

這傢伙就是外援？

既然有三個人了，那應該滿好玩的。

不過最終獲勝的還是我們。

你們只是來說這些嗎？

特地來說自己有多麼威風呀？

爸爸要我帶新的膠皮過來。

幫我和你爸爸道謝喔！

謝謝你。

啊……不是。

11

不好意思打擾了！

嗞嗞

你問我，我問誰。

剛剛一時火大，不小心說出口，怎麼辦？

慎吾，你和他們約好要比賽，這樣好嗎？

嗯⋯⋯

我想問一下，

你應該打過桌球吧？

沒有啊！

乾脆

我想也是～

什麼！

所以請你教我，

大聲

不會輸給那些人的桌球！

12

為什麼？媽媽也可以教他啊！

如果慎吾贏了，我就不再叫你繼續打桌球。

小聲

梨花，你就教他嘛！

真的嗎？就這樣約定，絕對不能反悔。

當然！

快點教他打贏，就能徹底脫離桌球。

聽好了，我們從零開始，請做好心理準備。

好！給他們一點顏色瞧瞧。

要在這裡比賽嗎？

覺得有點興奮呢！

請坐下。

球拍呢？

這不是椅子嗎？

在這裡。

謝啦！

我的球拍在哪裡？

啟太、聖治，把白板拿過來。

所以，乖乖坐好！

已經沒時間了。

咦？不打球嗎？

好……

不是該練習揮拍？

或是……

停住

14

好可怕

不對！

就從培養這兩種感覺開始吧！

從練習發出「嗡」和「啪咻」的球開始，對不對？

我不是說從培養感覺開始嗎？

忽視基礎只顧著模仿姿勢，很容易易養成壞習慣！

那到底要做什麼嘛！

先練基礎的向上擊球。

這是橫拍。

初學者也能輕易上手。

拿去，這借你用。

哇！是球拍。

我來示範向上擊球，仔細看。

好

OK！

真的很像

球拍這樣握。

就像和球拍握手一樣。

接著打到更高的位置，兩面各20次。

順帶一提，紅色這面是正面，黑色這面是反面。

打出計畫中的球
打入擋區
球感

好高

才剛打到這麼高

要連續喔！

連續？

用球拍這面擊球50次。

50次？

叩 叩 叩

成功做到後，翻到另一面擊球50次。

轉

喔

叩 叩 叩

18

這些都是為了掌握「撞擊」的感覺。

順便也做地面擊球吧!

接著是「摩擦」。

球拍保持水平,往同一方向製造旋轉,正面、反面各20次。

喔——

喀 喀 喀

如果這些你都能做到……

喀

咻咻咻…

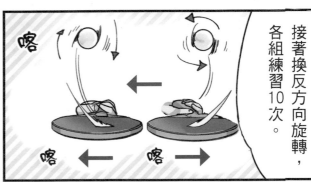

接著換反方向旋轉,各組練習10次。

喀

喀

喀

喀

20

對了！

啊啊啊

喀

實在是很密集的練習。

這是什麼？

這個給你。

畢竟沒有球拍就不能練習，反正你一定沒有球拍。

真的嗎？

媽媽說，等你完成這些基礎動作，那支球拍就送你。

這是桌球教學的影片，對你很有幫助，而且很有趣。一定要看喔！

好！

WRM？

還有記得看這個影片。

「桌球筆記」。

針對每天的練習內容寫下心得。

桌球筆記

沒問題。

就這樣，

繼續努力練習吧！

她走掉了⋯⋯

嗯。

最近的她都是這種感覺。

真的假的

我要去點心烘焙教室了。♪

咦？

啦啦

啦啦

你是？

你好！我叫桐島聖治，你好！

什麼叫「這種感覺」？

她在全國大賽三連霸，她的媽媽華阿姨還是前日本國家代表。

真的嗎？

她有這麼厲害嗎？超強選手？

就是沒有人懂超強選手在想什麼。

超強選手。

等一下。桌球？梨花？

難道說⋯⋯

沒錯！她就是天才桌球少女梨花。

閃～亮

原來她真的超級厲害！

雖然表現出那種態度，但她對桌球非常認真。

但她暫時不打桌球了。

好像是找到桌球以外的夢想。

真是太可惜了。

不過你也看到剛才的比賽了，就算她暫時休息，我還是輸得很慘。

她是真的很強。

但是現在的我充滿幹勁！

什麼？

握拳

如果能和她一樣強，一定能打贏那三兄弟！

這麼厲害的人願意當我的老師，

你這個人真有趣。

會嗎？

我們一起加油，絕對要打贏菊地三兄弟！

好！

球拍與膠皮

和其他運動相較，桌球球拍稍微特殊了一點。
先來學習關於球拍與膠皮的基礎知識，選擇適合自己的用具吧！

A Answer

從直拍或橫拍兩種
之中選擇一個吧！

桌球主要使用兩種球拍，球拍上貼
了一層皮，稱為「膠皮」。球拍與
膠皮的組合有很多，各有各的優點
和缺點。

※本書主要講解的是使用橫拍的技術。
　書中球拍的正面是紅色膠皮，反面是黑色膠皮。

Q Question

★★★ 該選擇什麼樣的球拍？

★★★ 球拍與膠皮 **1**

橫拍

現在主流的球拍。
正面與反面都可以貼上膠皮，
按規定必須使用紅黑兩色的膠皮。

拍頭

反

正

這是重點!
兩面都可以使用。
正反兩面都能擊出強
力的球！

握柄

 球拍與膠皮 **2**

橫拍的握柄

握柄就是手握住球拍的部分。
基本上，細握柄較方便施展細膩的技巧，
粗握柄則能運用強勁的打法，
初學者比較適合拿細的握柄。

★★★ 直柄

筆直且整體同樣粗細的握柄。

 這是重點!

標準的握柄。便於改變球拍角度，手指可
輕鬆移動，適合技巧派。但是沒有辦法緊
握住球拍，較難保持穩定握拍。

★★★ 喇叭柄

下方較寬的握柄。

這是重點!

可以緊握球拍，不易晃動，穩穩的將球
拍握在手中。
適合近檯攻守型（第37頁）使用。

★★★ 葫蘆柄

中央和下方都較寬的球拍。
現在幾乎沒有人使用。

 這是重點!

手握上去不會留下空隙，與手最為貼合。
適合全能型的打法。

直拍

握法像是握筆一樣的球拍。
基本上，會在其中一面貼上膠皮，
是過去日本桌球的主流。

這是重點6!

正手（第52頁）可以打出強勁的球，
優點是可以發揮細膩的技術。
反手（第55頁）頗有難度。

★★★ 球拍與膠皮 4

直拍的種類

比起橫拍，
直拍是更能配合打法，更換球拍的類型。

★★★ 陰陽拍

屬於日式拍型，兩面都可
以貼膠皮。

★★★ 中式直拍

兩面都可以貼膠皮，反手
打起來很穩定，因為可以
直拍橫打。

★★★ 日式直拍

適合強調正手的打法。

A Answer

初學者建議先嘗試使用
五層夾板的球拍。

輕巧的球拍較好控制，但材質沉重的球
拍才能打出有力道的球，也有使用特殊
材質的球拍，又輕巧又能打出力道。球
拍的重量大約是175～185公克，直拍
中的單面拍大約是130～140公克，很
適合初學者。

Question Q

★★★ 球拍的材質有差別嗎？

★★★ 球拍與膠皮 **5**
球拍的材質

球拍的材質非常多，
這裡和大家介紹其中的三種。

★★★ 特殊材質	★★★ 七層夾板	★★★ 五層夾板
使用碳纖維等特殊材質製成的球拍。	結合七層夾板製成的球拍，具重量感。	結合五層夾板製成的球拍，很輕巧。

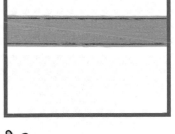

這是重點6！

輕巧又能打出力道，但大
多材質較硬，操控起來較
困難。
適合中高級程度的球員用
來掌控速度快速的桌球。

這是重點6！

比五層夾板硬，是三種材
質中最重的一種，使用時
需要有足夠的力氣。
適合中高級程度的球員使
用，可以打出具有威力的
球。

這是重點6！

三種材質中最輕的一種，
材質柔軟、穩定性強。
適合初級～中級程度的球
員使用，很容易就能製造
旋轉。

現在的主流是平面膠皮。

該選擇什麼樣的膠皮？

膠皮的種類非常多，每種都各具特色，選擇適合自己打法的膠皮吧！

 球拍與膠皮 **6**

膠皮的種類

最基本的膠皮有平面膠皮、短顆粒膠皮、長顆粒膠皮和ANTI抗旋膠皮。

長顆粒膠皮

上面有顆粒，顆粒比短顆粒膠皮更小更長。

短顆粒膠皮

上面有顆粒，就像把平面膠皮反過來貼的膠皮。

平面膠皮

表面平滑的膠皮。

這是重點6!

不容易打出快速球和製造旋轉，但也因此不容易受到對手旋轉的影響，很適合防守。

這是重點6!

比起平面膠皮，更能打出快速球；較難製造旋轉，因此適合快攻，且不容易受到對手旋轉的影響。

這是重點6!

目前最主流的膠皮。打出的球速快，且容易製造旋轉；但同時也會受到對手旋轉的大幅影響。

開始打桌球吧！

★★★ 球拍與膠皮 7

如何選擇適合自己的膠皮？

膠皮這麼多種，該怎麼選擇呢？
可以用下列三種思考方式當基準，
試著找出適合自己的膠皮。

★★★ 選擇能彌補自己缺點的膠皮

如果旋轉方面的技術較弱，可以選擇容易製造旋轉的膠皮；如果打不出快速球，可以選擇能提升速度的膠皮。

★★★ 選擇能加強自己長處的膠皮

如果擅長弧圈球（上旋，第74頁），可以選擇旋轉力強的膠皮，更好拉弧圈；如果擅長打出速度快的球，可以選擇更能提升速度的膠皮。

★★★ 選擇各方面平衡的膠皮（適合進階者）

速度、旋轉等整體技術都已趨穩定的進階者，可以選擇各方面平衡的膠皮。

★★★ 球拍與膠皮 8

良好的膠皮與球拍組合

膠皮和球拍一樣有軟硬差異，
一般來說初學者最適合柔軟的膠皮。
這裡介紹三種良好的膠皮與球拍組合，
可以當作選擇球拍和膠皮時的參考。

★★★ 組合 ③	★★★ 組合 ②	★★★ 組合 ①
球拍和膠皮 軟硬度 都處於中間值	硬球拍 × 軟膠皮	軟球拍 × 硬膠皮

基本的握拍方式有三種。

球拍該怎麼握？

「握拍方式」和「握柄」的英文都是「Grip」。有基本握拍方式、正手和反手這幾種握法。

✭✭✭ 球拍與膠皮 9
握拍方式的種類

先確實學好
基本的握拍方式吧！

 ✭✭✭

基本握拍

握拍時，虎口與球拍側面平行，夾住球拍。

正

像握手一樣輕鬆握著。

這兩條線
保持平行

反

食指伸直，貼著球拍。

這是重點！

這種握拍方式，無論是打正手或反手都能取得平衡。
如果沒有確實做好這種握拍方式，就得花上很長的時間才能學會基本技術，所以一定要仔細確認。

開始打桌球吧！

★★★　反手握拍

虎口較基本握拍時更接近球拍正面。

這是重點！

反手變得好打，但用正手迅速擊球的難度會提高。

這樣不行！　食指不能垂直立著，這樣會更難學會基本技術。

★★★　正手握拍

虎口較基本握拍時更接近球拍反面。

這是重點！

正手擊球會變得更強，也能將球強力的打到對手的正手位。不過，反手會變得不好打。

★★★　深握

握拍時手卡住膠皮。

這是重點！

以速度為重，球拍靈活度較低，這種握拍方式便於打出快速球，但不容易製造旋轉。

★★★　淺握

露出球拍膠皮下方板子約1公分的握拍方式。

這是重點！

以旋轉為重，球拍靈活度較高，便於製造弧圈球的旋轉，但很容易被對手強勁的球所壓制。

「撞擊」與「摩擦」的感覺

擊球的「撞擊」感，以及對球製造旋轉的「摩擦」感，
這兩種感覺是讓桌球進步的關鍵。

A *Answer*

做各種擊球練習，
培養「撞擊」與「摩擦」
的手感。

桌球的基本技術就是「撞擊」與
「摩擦」這兩種感覺。先培養這兩
種感覺再進行練習，進步的速度會
更快。

Q *Question*

該怎麼做才能熟悉球感？

★★★ 「撞擊」與「摩擦」的感覺**1**──
撞擊？摩擦？

先說明打桌球的重要感覺──
「撞擊」與「摩擦」吧！

★★★ **什麼是「撞擊」？**

不單是用球拍去碰球，而是要用球拍最重的點
去擊球，打出的球才會快速又有力道。

這是「撞擊」。用球拍最重的點去擊球的技術。

好……
好快！

旋轉得好快！

旋轉！

★★★ **什麼是「摩擦」？**

用球拍摩擦球，製造出旋轉。

★★★ 「撞擊」與「摩擦」的感覺2

培養「撞擊」感覺的擊球練習

要培養「撞擊」的感覺，
透過學習如何運用球拍的基本擊球練習非常有效。
和大家介紹三種擊球練習的方法。

★★★ 基本的擊球練習

最基本的擊球練習，要練
到能連續擊球50次，球都
不會從球拍上掉下去。

這是重點6！
目的是學著用球
拍準確擊球。

這是重點6！
習慣用球拍正面擊球後，
接著練習反面擊球，或挑
戰把球打得更高。

★★★ 用球拍側面擊球

不是用貼有膠皮的部分
擊球，而是改用球拍側
面擊球。

這是重點6！
球拍側面很窄，
這是能測試出自
己是不是真的能
把球擊送到預想
位置的準確度練
習。

★★★ 地面擊球

像籃球運球一樣，用球拍
把球往下打。

這是重點6！
如果沒有在正確
的位置迎球，很
容易失敗，千萬
要注意。

培養「摩擦」感覺的擊球練習

要培養「摩擦」的感覺，
透過學習如何用球拍製造旋轉的擊球練習非常有效。
和大家介紹三種擊球練習的方法。

由下往上摩擦擊球

試著用球拍由下往上摩擦球。練習時，
要特別注意球與膠皮摩擦的感覺。

 這是重點6!

若要確認是否成功對球製造旋轉，
就讓球落到地上吧！
如果成功製造旋轉，球應該會逆旋
（轉回後方的旋轉），回到自己的
腳邊。

水平摩擦擊球

試著將球拍保持水平來
摩擦球。

 這是重點6!

比起由下往上摩
擦擊球，保持這
個姿勢製造旋轉
的難度更高。

丟球摩擦

試著摩擦丟到球拍上
的球。

這是重點6!

可以藉此培養對
具速度的球製造
旋轉的感覺。

開始打桌球！

A Answer

練習擊球，
學會掌握旋轉。

試著挑戰擊球，學習掌握桌球的兩
種重要能力──打出長距離的旋轉
球和打出短距離的旋轉球。

Q Question

要怎麼培養
★★★「摩擦」的感覺？

★★★「撞擊」與「摩擦」的感覺 4 ──
精進旋轉的擊球練習

試著在從下往上摩擦球的同時，
控制擊球距離。

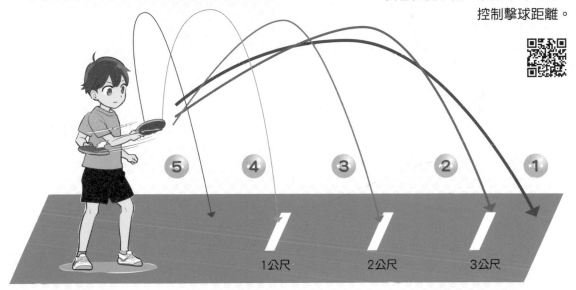

1公尺　　2公尺　　3公尺

1 距離無限制
將球打出，不用在意距離，讓
球逆旋著回來。

2 3公尺
將球打到約3公尺的距離，讓
球逆旋著回來。

3 2公尺
將球打到約2公尺的距離，讓
球逆旋著回來。

4 1公尺
將球打到約1公尺的距離，讓
球逆旋著回來。

5 自己的位置
從自己站立的位置將球往上打，
讓球逆旋著回來。

這是重點！
目標是每種距離都能達到
70%左右的成功率。

打法類型

桌球有四種打法類型，
理解每種類型的特徵後，選擇最適合自己的一種。

A Answer

基本上有四種。

在桌球戰術中，分別有注重旋轉的
類型、注重速度的類型、攻守平衡
的類型，以及注重防守的類型。

Q Question

桌球有哪些打法類型呢？

★★★ 打法類型 1
四種基本打法

在此介紹四種基本打法：弧圈型、
近檯快攻型、近檯攻守型和削球型。

★★★ 近檯快攻型

守在近檯，擊球點靠前的打法。

短顆粒膠皮

這是重點6!

主要使用橫拍的反拍，或是使用短顆粒膠皮的
直拍，不太會製造旋轉，以速度決勝負。力氣
不大的選手較常使用這種打法。

★★★ 弧圈型

在近檯～中檯（第61頁）以弧圈球主攻
的類型。

平面膠皮

這是重點!

這類選手大多使用平面膠皮，在現在的頂尖
選手之間是主流。

★★★ 削球型

在中檯、遠檯（第61頁）以削球主攻的類型。

※ 站位距離球檯較遠，削球後產生下旋將球回擊。

這是重點！

基本上是注重防守的打法，最近使用這種打法的球員越來越少。

★★★ 近檯攻守型

守在近檯，攻守皆平衡良好的打法。

平面膠皮
長顆粒膠皮
短顆粒膠皮

這是重點！

使用長顆粒膠皮或短顆粒膠皮，能打出快速且精準的線路。

★★★ 打法類型 2

根據熟練度決定比賽的風格

桌球的比賽風格有一球定勝負型、
腳踏實地型、腳踏實地一球勝負型，
隨著技術越來越熟練，比賽風格也會產生變化。
讓我們來認識各種風格的差別吧！

★★★ 腳踏實地一球勝負型

很少失誤，擁有絕招！

進階者的比賽風格。很少失誤，而且具有搶分的技術。

★★★ 腳踏實地型

很少因失誤而失分！

技術純熟到能有效減少失誤時的狀態。靠著發球（第118頁）與回擊（第127頁）都有辦法得分。

★★★ 一球定勝負型

有一項突出的技術！

剛開始有一項專精技術時的狀態。其他技術還很弱，所以打起來不穩定，容易失誤。

桌球筆記

桌球筆記可以用來記錄練習內容或比賽結果。
來學習如何記錄，並運用在練習上吧！

這是重點6!
日期在回顧筆記時非常重要，
一定要記得填寫。

這是重點6!
做了像是線路這方面的練習
時，畫上球檯吧！

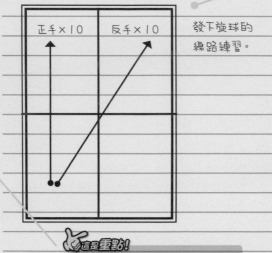

發下旋球的
線路練習。

不可以累積一個星期再一次
做記錄。
只寫一句話也沒關係，練習
結束後就馬上記錄下來。

這是重點6!
也可以在練習前先寫上練習
目的。

這是重點6!
如果參加比賽，記得記下結果。

★★★ 持之以恆的祕訣

①**主動做筆記。**

②**想些花招，讓筆記變有趣。**

例如：使用漂亮的字體、加入插圖、與別
人分享、貼上貼紙或蓋印章。

這是重點6!
寫下當時的想法。

開始打桌球吧！

為了了解自己的能力與
成長，一定要記錄喔！

....

記錄桌球筆記，就不會毫無章法的
練習，隨時思考自己需要什麼樣的
練習，才能繼續進步。

★★★ 一定要記錄桌球筆記嗎？

★★★ 寫筆記的好處

①找出並解決面臨的問題。
②了解自己的狀況與成長。
③比較過去與現在的自己。

這是重點!
一定要寫下練習的內容，最好也
要記錄次數。

這是重點!
記下成功的次數，掌握自己現在
的實力。

這是重點!
根據練習的結果，思考待改進的問題。

日期　　　7 月 25 日 （四）

練習時間　15 時～18 時

●今天的練習目的
　　學會發下旋球。
　　學會正手搓球。

●練習內容
　　發下旋球 2 次一組，共 20 組
　　正手搓球 2 次一組，共 30 組

●成功次數
　　發下旋球 20 組成功 12 次
　　正手搓球 30 組成功 16 次

●比賽結果
　　VS. 啟太　1－3 敗
　　VS. 聖治　0－3 敗

●待改進的問題
　　增加發球的種類。
　　看清楚對手的旋轉。

●感想‧一句評論
　　從啟太手中拿下一局，
　　但最後還是輸了，真不甘心！

●MEMO
　　記得看WRM的影片。

這是重點!
寫下可能會忘記的事。

一周後

50！

49、

轉

48、

47、

辛苦了。

做得好！慎吾。

恭喜！這都是因為你每天練習的成果。

太棒了！這支球拍是我的了。

首先是姿勢。

正手擊球的基本姿勢是雙腳張開略比肩膀寬，左腳往前一步。

球拍角度與球檯垂直，就像是在身體斜前方擊球。

擊球時，隨時注意「撞擊」的感覺。

好！

啟太，麻煩你了。

這樣嗎？

揮

球要過去嘍！

好！

喀

「撞擊」的感覺！

喀

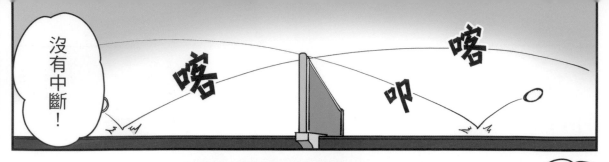

沒有中斷！

喀

叩

喀

真的吔！

啟太好厲害。

我很擅長這個。

啊？

叩

喀

我搞不好是天才。

真傻！那是因為啟太一直餵好打的球給你。

因為這種個性，比賽回擊時，也會打到好打的地方，

所以正式比賽從來沒贏過。

原來桌球必須思考對方的反應。

啟太就是人太好了。

沒有啦……

接著是反手擊球。

基本姿勢是雙腳張開略比肩膀寬，平行站立，

球拍與球檯垂直。

像在腹部前方迎球再打出去。

這樣嗎？

還要注意，「撞擊」的感覺吧？

你也慢慢開竅了。

喀

以初學者來說，你的表現不錯。

也來學扣殺吧！

喀

哦！來了、來了。我等好久了。

45

不管用正手或反手都一樣。

找到自己最好打的點,

向後引拍的動作不要太大,大約是**70％**的力量。

打下去!

為什麼是70％?

全力擊球的話,很容易因為太過用力而打偏,被對手回擊時,反應也會慢半拍。

原來如此。

兩小時後

滾 滾

滾

最多才29次……

呼 呼

怎麼這麼難。

本來就不可能一下子練會。

是啊！

啊— 啪

啪

不過啟太真的都會把球打到方便我回擊的位置。

嘿咻

因為我會仔細觀察對方，預測球會從哪個方向過來。

啊！

你會做這種事？

為了讓對打持續下去，我試過很多方法，

最後發現配合對方最有效。

不過因為這樣，我在比賽中都打不贏。

啊

啪

叩

喀

配合對手……

一周後

只差一點！

喀

叩

今天也好熱鬧。

悄悄……

96！

喀

叩

97！

98！

叩

喀

99！

恭喜你……
慎吾。

搖搖晃晃

正手擊球……
100次！
成功了！

成功了！

100！
喀

反向思考！

你這麼擅長配合對手，反過來說，肯定也能故意打偏。

起身

什麼？

多虧有啟太。啟太一定有辦法在比賽中贏球啦！

啟太……

只要和慎吾一起努力，或許下次我也能贏。

啟太絕對做得到！

三浦慎吾也許……

是個不得了的孩子。

正手

先來精進最基本的正手打法。
練好漂亮的正手,才能邁向更進階的技術。

 Answer

正手是各方面的基礎,
是最基本的打法。

正手是關係扣殺、弧圈球等球技的基礎技術。一起遵循以下步驟,奠定扎實的基礎。

Question

★★★ 正手是什麼?

★★★ 正手 **1**

打好正手的八個步驟

★★★ 步驟 **2**

做好準備的姿勢(基本姿勢)。
球拍拿在身體的斜前方。

身體斜前方

★★★ 步驟 **1**

球拍與球檯呈現垂直後,再微微前傾。

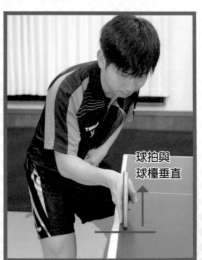

球拍與
球檯垂直

 這是重點!

拍面角度要拿對。

★★★ 步驟 5

當球來到自己的擊球點時，用拍面正中央擊球。

等球來到擊球點

用拍面正中央擊球

★★★ 步驟 4

擺出前傾的姿勢。

★★★ 步驟 3

兩腳張開略比肩膀寬，左腳在前，距離右腳約一步。

略比肩膀寬

★★★ 步驟 8

對打能長久持續的祕訣，就在於當成是與練習對象的合作。配合對方的狀況，才能讓對打持續。

這是重點！

桌球很難自己一個人練習，和練習對象一起努力，彼此都能更進步。

★★★ 步驟 7

整個身體的重心跟著移動，重心從右往左移。

 ①

②

★★★ 步驟 6

往斜前方揮拍。

往斜前方

就是只靠手的動作去擊球。

這是個壞習慣。一旦養成只靠手的動作去擊球，練習新技術時就很容易遇上瓶頸。在基礎的階段先修正這個問題吧！

什麼是「手動身不動」？

 正手**2**

手動身不動

擊球時身體沒有跟著動，
只靠手的動作去擊球。

不能手動身不動的三個理由

①缺乏應變能力

打出好球的範圍會變得狹窄，遇到狀況時會缺乏應變能力。

②發揮不出力量

比起運用全身的動作來擊球，手動身不動時，很難將力道帶到擊出的球上。

③要花更多時間學習技術

學習進階技術時，會花更多的時間。比方說，就算會拉弧圈球，旋轉也很弱，得花許多時間練習，才能達到運用在實戰當中的程度。

像這樣，就是只靠手的動作去擊球。

這是重點！
上半身也要跟著移動。改掉只動手打球的壞習慣，這樣擊出的球才會變得有力。

反手

反手與正手相同，一樣是最基本的打法。
在現代桌球中，反手技術已成為勝利的關鍵。

A Answer

手腕要保持柔軟。

打反手時，手腕很容易變得僵硬。
讓我們來練習讓手腕保持柔軟的打法吧！

Q Question

反手要怎樣才能打得好？

★★★ 反手

打好反手的八個步驟

★★★ **步驟 2**

做好準備姿勢。
球拍拿在腹部前方。

腹部前方

★★★ **步驟 1**

球拍與球檯呈現垂直後微微前傾。

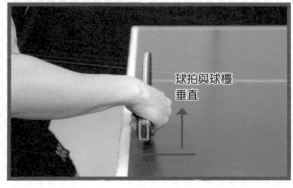

球拍與球檯垂直

這是重點!

拍面角度要拿對，與球檯呈現垂直後微前傾。

步驟 5

當球來到自己的擊球點時，用拍面正中央擊球。

建議在身體正面擊球

用拍面正中央擊球

步驟 4

擺出前傾的姿勢。

步驟 3

兩腳張開略比肩膀寬，左腳在前，或平行站立。

略比肩膀寬

左腳在前或平行站立

步驟 7

擊球時不要移動手腕。觸球後，拍頭揮往想打過去的方向。

拍頭揮往想打過去的方向

這是重點!
學習反手擊球時，運用全身的力量。

步驟 8

對打能長久持續的祕訣，就在於當成是與練習對象的合作。

步驟 6

揮拍時就像在畫圈。

扣殺

扣殺（由高往低的強力擊球）是幫助得分的重要技術，
沒有那麼容易打好，讓我們先做好基本的練習吧！

A Answer

試著按照以下的
三個步驟。

扣殺是比賽中重要的得分來源。基本上就是用正手強力擊球，不過還是要注意以下三個步驟，學習扣殺的打法。

Question **Q**

扣殺該怎麼打？

★★★ 扣殺1

打出扣殺的三個步驟

★★★ 步驟3

用大約70％的力道擊球。

這是重點!
學會保持從容，擊球時才有餘力思考線路和角度。

★★★ 步驟2

向後引拍的動作小一點。

動作不要
太大

這是重點!
小幅揮拍，才能提高球速。

★★★ 步驟1

在好打的擊球點擊球。

這是重點!
等彈起的球來到最高點時，再擊球。

用小幅度且快速的
揮拍來擊球。

扣殺高球其實比想像中更難，尤其
是帶有下旋的球，回擊時更容易出
現失誤。

 要怎麼打高球？

★★★ 扣殺 2
回擊高球的要領

這是重點!

當球拍碰到球的瞬
間，快速且小幅揮
拍，這樣就不容易
受到旋轉的影響。

用未持拍的那隻手，
掌握球的位置。

想提高扣殺成功率，就要在擊球時
正確掌握球的位置。運用未持拍的
那隻手，來掌握球的位置吧！

有提高扣殺成功率
的方法嗎？

★★★ 扣殺 3
提高成功率的練習

★★★ 練習 2

扣殺時，試著
加入抓住球的
動作。

★★★ 練習 1

練習用未持拍
的手抓住球，
同時身體也要
跟著移動。

反手扣殺

反手扣殺比正手扣殺更困難，許多人為此感到困擾。

 Answer

先來學會下列
四項要領吧！

……………………………

機會球來到反手位時，雖然也可以
側身以正手扣殺，但如果能打出反
手扣殺，得分可能性會大幅提升。

Question Q

★★★ 反手扣殺為什麼怎麼打
都打不好？

★★★ 反手扣殺

四項要領

試著在練習時，注意下列四項要領。

★★★ **要領 2**

手臂後引時，需配合來球的高度。

★★★ **要領 1**

肩膀用力，往斜
上方揮拍到底。

 這是重點 6!

手臂往身體內
側拉，肩膀用
力，配合將上
半身往回轉動
的動作，一口
氣揮拍。

要領 3 揮拍時，拍面不要太過前傾。

不要太過前傾

 這是重點!

揮拍時如果拍面太過前傾，球就會往下掉，增加失誤的可能。

要領 4 和球的距離如果太近，可以先後退再打。

 這是重點!

反手扣殺的目標是大約在肩膀高度以下的球，遇到太高的球，就側身用正手打吧！

用正手打，不必勉強

後退

根本記不住關於球檯的用語。

★★★　關於球檯的用語

和隊友一起做！
中場休息
HALF TIME

和球檯相關的用語很多，在練習與比賽時就會自然而然記住，
不用擔心。

球檯的名稱

球檯看起來很大，其實比想像中更窄。
學習掌握球檯的大小，練習時也要常常注意。

線路的名稱

直直往前打就是直線線路，
往對角線打就是斜線線路。

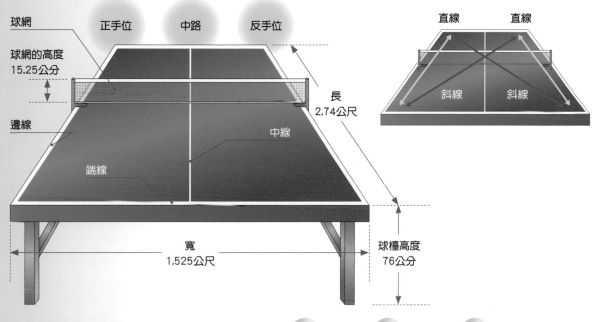

球網

球網的高度
15.25公分

邊線

端線

正手位　中路　反手位

長
2.74公尺

中線

寬
1.525公尺

球檯高度
76公分

直線　　直線

斜線　　斜線

比賽中的站位

不同的打法類型，站位也會不一
樣。最近在頂尖選手間非常流行
「快攻」，許多選手的站位都在
近檯。削球主攻的選手站位則在
遠檯，看準強力的來球以削球回
擊。

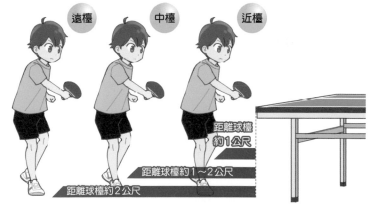

遠檯　　中檯　　近檯

距離球檯
約1公尺

距離球檯約1～2公尺

距離球檯約2公尺

梨花妹妹喜歡桌球嗎？

是的！超級喜歡。

這不過只是四年前的事呢……

你好。

影片裡是梨花？

嗯，這時候的她，絕對不可能說自己討厭桌球。

我覺得那傢伙……啊，不。我想梨花應該不討厭桌球吧？

咦？你為什麼會這麼想？

慎吾這麼早就來啦！

啊！嚇我一跳。

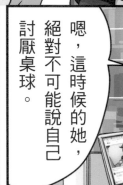

今天要學的是旋轉的技術。

你要學會上旋的弧圈球、下旋的搓球和側旋。

你應該沒有忘記「摩擦」的感覺吧？

總算要學弧圈球了。

揮

當然！我每天都會看影片做「擊球練習」。

啟太，麻煩你拿球出來。

好！

嘿嘿

我先講解弧圈球。

用正手的姿勢，球拍與球檯的角度比**垂直稍微小一點**。

壓低重心讓力量集中在右腳，不要太早擊球，

觸球的瞬間，球拍從下往上拉。

用力

就是這樣。

「咻」的摩擦球！

啪啪
嘰
嘰
嘰

弧圈球要用在什麼時候？

一般是用在對手打來下旋球的時候。

如果用一般方式，下旋球就會往下掉。想打出攻擊性強的回擊，用弧圈球是最好的。

原來如此。

喀
轉轉
叩

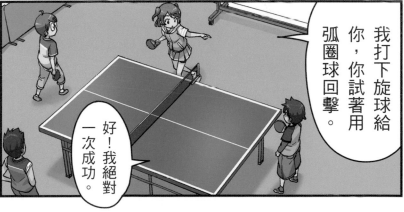

我打下旋球給你，你試著用弧圈球回擊。

好！我絕對一次成功。

打得很好嘛！

雖然旋轉還很弱。

我每天都會做「擊球練習」，我的手很巧呢！

慎吾很會變魔術喔！

是喔？但是一次就成功還是讓人意外。

算是目前教你的旋轉球擊球技術的應用技巧。

下旋球一般用在發球和搓球。

接著來學下旋球。

看來慎吾擅長旋轉球類。

哈哈哈！

我很厲害吧！

梨花好像叫了慎吾的名字……

最後是側旋。

側旋比較常用在發球。

不習慣的話可能會覺得有點難，不過我會教你訣竅。

首先是姿勢，

和發下旋球的動作一樣，而拍頭向下傾斜45度。

準備擊球時，向正後方引拍，

颯

切下去！

喀

叩

順勢後引……

颯

球拍呈45度。

換你試試看。

好！

只要按照步調，繼續練習，應該就能學會。

嗚啊

我切！

可惜！

啊啊

在抓到感覺前，確實是挺困難的。

等一下！

我要去程式設計教室，剩下的拜託你啦！聖治。

走嘍！

今天的課題就是弧圈球和下旋球，還有側旋球各打100球。

旋轉

球的旋轉在桌球中非常重要。
精進旋轉技術，讓自己越來越強！

A Answer

上、下、左（左側上、下）、
右（右側上、下）等
是基本的旋轉。

....

學會製造旋轉後，桌球會變得非常
好玩。了解每種旋轉的製造方式與
特徵，活用在比賽中吧！

Q Question

★★★ 旋轉有哪些種類？

★★★ 旋轉

旋轉的種類

在這裡介紹四種基本的旋轉。

★★★ **上旋**

球的旋轉方式如下圖，就是上旋。
球碰到球拍後會往上飛。

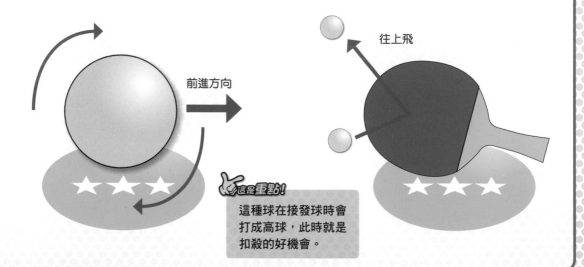

往上飛

前進方向

這是重點6！
這種球在接發球時會
打成高球，此時就是
扣殺的好機會。

精進旋轉

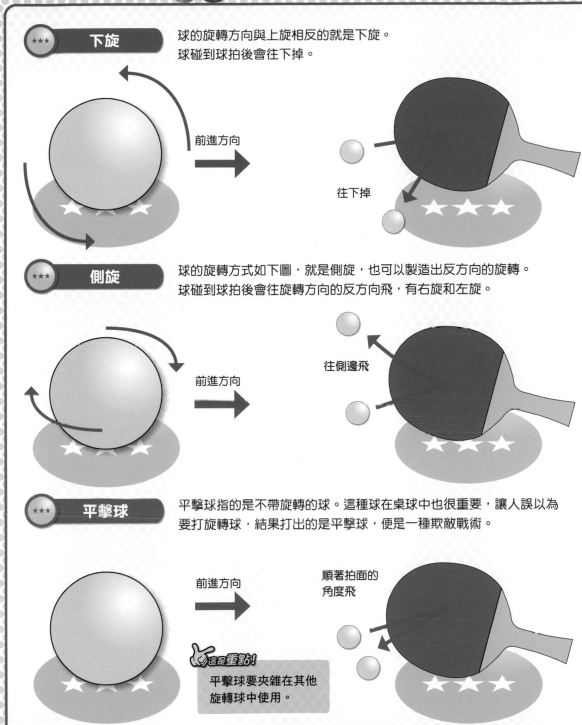

★★★ 下旋

球的旋轉方向與上旋相反的就是下旋。
球碰到球拍後會往下掉。

前進方向

往下掉

★★★ 側旋

球的旋轉方式如下圖，就是側旋，也可以製造出反方向的旋轉。
球碰到球拍後會往旋轉方向的反方向飛，有右旋和左旋。

前進方向

往側邊飛

★★★ 平擊球

平擊球指的是不帶旋轉的球。這種球在桌球中也很重要，讓人誤以為
要打旋轉球，結果打出的是平擊球，便是一種欺敵戰術。

前進方向

順著拍面的
角度飛

這是重點6！
平擊球要夾雜在其他
旋轉球中使用。

正手弧圈球

正手弧圈球是與扣殺並列的重要得分來源。
一起來學好打法吧！

A Answer

注意角度、重心與擊球點，
掌握擊球的感覺。

只要學會製造上旋的弧圈球，能運
用的技巧就會更廣泛。★★★
不過，弧圈球並不好學，注意以下
三項要領，努力練好弧圈球吧！

Q Question

練習弧圈球有什麼方法嗎？

★★★ 正手弧圈球 **1**
弧圈球的要領

練習時，
提醒自己下列三項要領。

★★★ **魔法角度**

比起正手擊球時的直角，
再稍微前傾一些，就是最
好的角度。

這是重點!

揮拍時，注意球與球拍摩擦的
感覺。

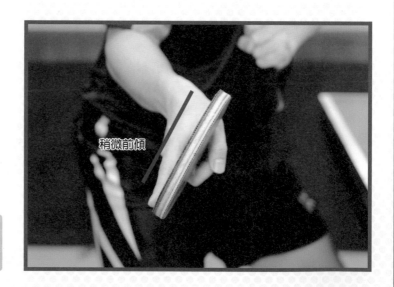

稍微前傾

精進旋轉

★★★ 擊球意識

需強烈意識到製造上旋的感覺。
觸球瞬間，拇指和食指要用力。

★★★ 重心移動

力量先集中在右腳，接著迅速
將重心移動到左腳並擊球。

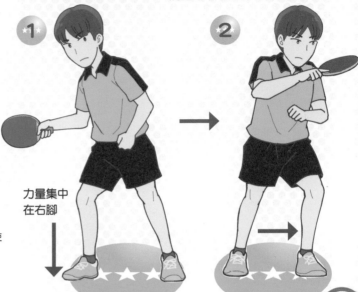

1 力量集中在右腳

2

這是重點!

只要注意這個步驟，就能掌握
到拉弧圈球的感覺，拍面前傾
時也能順利拉出弧圈球。

※若要用弧圈球對付下旋球（發球、搓球），使
用這個方法並不好打。打法請參照第86頁。

A Answer

以下介紹三種練習方法。

· · · · · · · · · · · · · · · · · · · ·

想要練習拉弧圈球，卻找不到練球
的對象嗎？為了在這種時候也能練
習，以下介紹一個人就能做的弧圈
球練習方法。

Q Question

★★★ 有沒有一個人也能做的練習呢？

★★★ 角度呈45度

練習將拍面前傾45度，
記住製造上旋的感覺。

★★★ 正手弧圈球2
一個人也能做的練習

★★★ 拉弧線

球拍與球檯垂直後微微前傾，由下往上摩擦，拉出一道弧線。

由下往上摩擦

與球檯垂直

這是重點6!

弧線就是呈現高拋物線的軌道。習慣拉弧線後，將拍面前傾，拉出銳利的弧圈球吧！

★★★ 強烈的上旋

用未持拍的手拋球，練習製造更強勁的上旋。

1

將球拋向球拍

2

這是重點6!

反手弧圈球也能這樣練習。自己一個人練習時，試試看吧！

反手弧圈球

學會正手弧圈球後，
再練習看看反手弧圈球。

 Answer

可以。
這是一種非常有用的
重要技術。

下旋或側旋球被打到反手位時，如
果有辦法用反手弧圈球製造出不同
的旋轉，改變來球的旋轉並回擊，
將會成為非常強大的武器。

Question

反手也可以拉弧圈球嗎？

★★★ **反手弧圈球1**

 **中檔反手弧圈球的
三項要領**

★★★ **力量集中**

持拍手的拇指翹起，拍面稍微向下
壓，集中力量於身體左側。

持拍手的拇指
翹起

在身體左側
集中力量

 這是重點！

在中檔拉弧圈球時，要比站位在近檔時更從容，確
實的將力量集中。

★★★ 重心

重心從左後方移到右前方。

在左側集中力量

重心移動到右側

★★★ 手臂

依序用從手肘、前臂帶動到手腕的感覺來揮拍。

這是重點!
就像用擲飛盤一樣的方式來揮拍。

★★★ 反手弧圈球 **2**
近檯反手弧圈球的三項要領

比起中檯，在近檯打弧圈球更困難。務必注意下列三項要領。

★★★ 運用身體的方式

未持拍手在觸球的瞬間要抬起。

抬起未持拍的手

這是重點!
不能像在中檯時從身體側面揮拍，這樣會來不及。

★★★ 迎球位置

球一彈起，就在身體正面迎球。

★★★ 手臂與空間的使用

前臂固定不動，揮拍時手腕內收摩擦球。

這是重點!
如果前臂跟著動，會追不上近檯的快速節奏。

精進旋轉

搓球

面對下旋球,用偏重防守的打法從檯上回擊就是搓球。
這是非常重要的一項桌球技術。

A Answer

拍面呈45度去觸球。

從檯上搓回下旋球的回擊技術就是搓球。如果能練到穩定的用搓球回擊,將會是一項厲害的技術。

Q Question

★★★ 要怎麼搓球?

★★★ 搓球**1**

搓球的要領

搓球分成旋轉弱的搓球和積極製造旋轉的搓球,
不過這兩種搓球的要領都是共通的。

★★★ **角度**

無論是正手或反手,拍面都要呈45度。

 這是重點!

用這個姿勢,僅是觸擊球也能回擊。如果更進一步學會積極製造旋轉的搓球,就能讓對手的旋轉失去效用。

正手

拍面呈45度

反手

拍面呈45度

就是用搓球讓對手的
旋轉失去效用，
再以旋轉球回擊。

什麼是改變旋轉性質
的搓球？

不會改變旋轉性質的一般搓球較偏
重防守，而會改變旋轉性質的搓球
則偏重攻擊。只要學會這項技術，
勝率就會大幅激增。

 搓球2

改變旋轉性質的
搓球四要領

先學好一般搓球，再注意下列四項要領，
就能掌握改變旋轉性質的搓球技術。

★★★ **迎球方式**

拍面角度與一般搓球相同，正手、
反手都要呈45度。用小幅迅速劈
落的感覺，向下發力摩擦。

前臂

拍面呈45度

這是重點!

多運用手肘以下的前臂力道，這比一般搓球更需要
球速。

精進旋轉

★★★ 摩擦方式

從球拍靠近身體的那一側往上摩擦，很多人做不好搓球，都是因為只用球拍上方摩擦。

這是重點6!
反手也一樣，一定要從靠近自己的那一側往上摩擦。

只用球拍上方摩擦

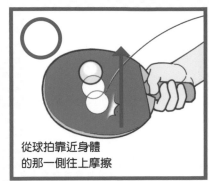

從球拍靠近身體的那一側往上摩擦

★★★ 擊球時機

不要太早擊球，當球從最高點落下時再穩穩的擊出。

這是重點6!
初學者、中階者要先等球從最高點落下時再搓球；練到進階水準後，當球剛彈起時就可以搓球了。

最高點

★★★ 練習方式

請人幫忙打出與下旋球相反的上旋球，再用搓球回擊。

這是重點6!
用搓球把上旋球搓成旋轉方向相反的下旋球很難，勇敢挑戰看看吧！

搓成下旋球

把上旋球

正手位較容易失誤，
所以要積極練習正手搓球。

在對搓中獲勝的方法
★★★ 是什麼？

比起反手位的搓球，正手位的搓球範圍較廣，所以更容易失誤。
一起了解要領，在對搓之中獲勝吧！

★★★ 搓球**3**

搓球不失誤的
三要領

注意下列三項要領，
就能減少搓球失誤。

★★★ 保持在同一條線上

在球檯上，反手搓球的擊球點與正手搓球的擊球點要保持在同一條線上。

★★★ 角度

拍面要呈45度。

保持在
同一條線上

拍面呈45度

 這是重點!

保持在同一條線上，可以縮短球拍移動的時間。

這是重點!

練習馬上就能讓拍面呈現45度。

來回對打

來回對打時，沒有空檔可以使出改變旋轉性質的搓球，因此主要是使用旋轉弱的搓球。

這是重點！

不只是搓球，比賽中隨時保持沉著，才能減少失誤。

三個好處

①不給對手喘息時間

球拍保持在同一條線上，且不使用改變旋轉性質的搓球，就能縮短接發球的時間，在對打中不讓對手有時間喘息。

②不會被還擊

對手沒有時間喘息，就能降低以弧圈球回擊的可能性。

③有餘力打出特定線路

在比賽中保持沉著，就有辦法將球回擊到對手的空檔處。

練習方式

練習用不規定特定線路的搓球對打。

弧圈球（對搓球的打法）

要用弧圈球回擊帶有下旋的球，
需用到與平常打弧圈球時不同的要領。

A Answer

可以。

．．．．．．．．．．．．．．．．．．．．

學會用弧圈球回擊帶有下旋的搓
球，就能打出更有攻擊性的球。

Q Question

可以用弧圈球回擊搓球嗎？

★★★ 弧圈球（對搓球的打法）**1**

三項要領

注意下列三項要領，
試著用弧圈球回擊搓球。

★★★ **拍面** 拍面與球檯垂直後微微前傾。

與球檯
垂直

太過前傾

這是重點!

回擊搓球時，拍面太過前傾會導致較難把
球拉起來。

★★★ 力量集中

雙腳張開略比肩膀寬，球拍保持不動，
將力量集中在右膝。

力量集中
在右膝

在低於檯面的
位置集中力量

這是重點!

比起一般的弧圈
球，需要更大的
力道才能將球往
上拉。

★★★ 重心移動

配合右膝向上伸展的時間點，將球拍由下往上揮。

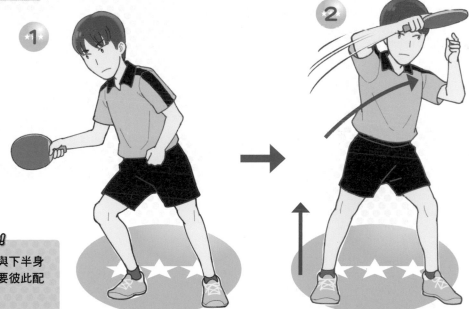

這是重點!

上半身與下半身
的動作要彼此配
合。

反手弧圈球的三項要領

注意下列三項要領，
試著用反手弧圈球回擊搓球。

★★★ 拍面

拍面與球檯垂直，或是稍微前傾。

與球檯垂直

這是重點!

初學者和中階者要注意拍面與球檯垂直，到
了進階程度，拍面前傾也能拉弧圈球。

★★★ 力量集中

力量集中在身體正下方。

在低於檯面的
位置集中力量

這是重點!

和正手弧圈球一樣，比
起一般的弧圈球需要更
大的力道，才能將球往
上拉。

★★★ 注意揮拍方式

像是把球拍從下方舉到上方一樣，
手腕用力向上摩擦。

這是重點!

練習用反手弧圈球回擊搓球時，隨時都要注
意「從下往上」的動作。

側擰

面對對手發出難以回擊的旋轉短球等情況時，
用具有攻擊性的方式回擊就是側擰。

Q Question

側擰是什麼？

A Answer

在球檯內用反手製造
強烈旋轉的打法。

⋯⋯⋯⋯⋯⋯⋯⋯⋯⋯⋯

側擰可以在接發球時搶攻，現在的
頂尖選手們也很常使用這項技術。

 側擰

打法的四要領

側擰在旋轉球中屬於特別困難的技術。
按照下列四項要領來練習吧！

★★★ 姿勢

姿勢比一般反手擊球更低。

 這是重點！

側擰是在球檯內以側旋球回擊，
為了製造旋轉，記得盡量壓低姿
勢，讓球確實產生旋轉。

★★★ 手肘的位置　手肘抬高，擊球時要轉到身體正面。

手肘抬高

這是重點6!

正確的手肘位置，是讓側擰穩定的要領。

★★★ 摩擦方式

運用手腕的力量，在擊球時摩擦球的左斜後方。

摩擦球的左斜後方

前進方向

這是重點6!

如果對手的下旋或側旋球是強旋轉，此時可以不要摩擦球的左斜後方，改為摩擦側面，雖然這樣球速會比較慢，但會增加側擰的穩定度。

★★★ 擊球點

不要太早打。等球彈起後，在最高點或開始下降時再擊球。

不要太早打

這是重點6!

側擰擊球若太早很容易失敗，用充足的時間集中力量再擊球吧！

長顆粒膠皮是什麼樣的膠皮？

★★★　　長顆粒膠皮的特性

和隊友一起做！
中場休息
HALF TIME

長顆粒膠皮不容易受到旋轉的影響，回擊時卻能製造出獨特的旋轉。
在此介紹長顆粒膠皮的小祕密！

…長顆粒膠皮的旋轉

當對手使用長顆粒膠皮，打過去的旋轉球被回擊時，通常會變成反旋轉。

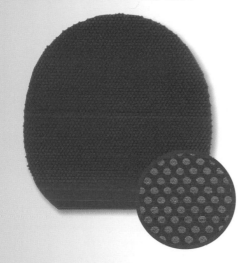

…對付長顆粒膠皮的策略
（適合進階者）

對付長顆粒膠皮對初學者來說相當困難。在此介紹與長顆粒膠皮對戰時可採取的策略。

・用強打來應戰

長顆粒膠皮較難應付打到球檯邊緣的強力擊球。如果對自己的攻擊力有信心，就用強打來應戰。

・不要製造強旋轉

打弱下旋球過去，對手回擊的就會是弱上旋球。此時果斷的用扣殺或弧圈球來搶攻吧！

…變成反旋轉的狀況

上旋　　　　　　　　　　　　長顆粒膠皮

變下旋

下旋　　　　　　　　　　　　長顆粒膠皮

變上旋

側旋　　　　　　　　　　　　長顆粒膠皮

變逆側旋

・以平擊球應戰

長顆粒膠皮是種不容易製造旋轉的膠皮，所以打平擊球過去，對手回擊的就會是平擊球。可以利用這個特性唷！

這是重點！
長顆粒膠皮回擊的球有可能不是反旋轉。

梨花說她今天不想教桌球。

所以我找了朋友來當教練。

朋友？

桌球選手嗎？

請進。

你們好，我是WRM的阿口。

什麼？是阿口哥哥。

大家都認識山口，原來你是個名人呢！

呵，真叫人開心。

哇！好棒！我常常看你的影片。

請多多指教。

今天受到華前輩的請託，擔任你們的教練。

我有問題！

有什麼不懂的地方，儘管問，不要客氣。

轟

阿口哥哥有女朋友嗎？

有啊。我們已經結婚了，正確來說她是我的太太。

真的？我以為你只顧著打桌球。

真的假的？

桌球打得好，會很受歡迎喔！

真的嗎？

哈哈哈

哈哈

我一定會努力練習的！

你的個性真好懂啊……

閃閃發光

基本的打法與旋轉，你們已經有了基礎。為了朝實戰更進一步，試試看系統練習吧！

系統練習？

之前你們的練習，應該都是正手就用正手回，反手就用反手回。

正手

反手

現在試著從正手切換到反手，還有運用**步法**，練習移動的方式。

這個練習的目的是什麼呢？

好厲害

比賽時，對手打來的球不會是固定的，當下也沒有時間思考。

怎麼辦？

轉路？旋線？

為了讓你們學會處理各種球，就需要做系統練習。

最後還會做**隨機練習**，模擬各種突發狀況。

我很不擅長這個……

別擔心！系統練習時，我也會教你們訣竅。

一起學會處理各式各樣的狀況吧！

好！

靠前擊球，對手回擊的球速也會很快。

只要反應稍慢，就會錯過揮拍的時機。

遠　近

最近流行的是站位**靠前、節奏很快**的打法。

使用這種打法，重點就在於正反手能不能順暢的切換。

順暢？

厲害的選手切換的速度都很快吧？

只要能順暢的切換正反手，就更容易搶下分數。

沒錯！

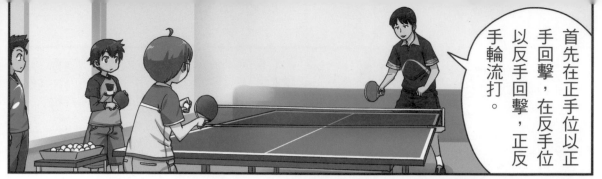

首先在正手位以正手回擊，在反手位以反手回擊，正反手輪流打。

切換的要領是，身體保持面向正面，

以最短的距離，**直線揮動球拍**，

切換正手與反手。

要注意的是，**肩膀不要過度往後拉。**

切換的軌道不要變成**倒U字形**。

好！

要能決定好線路，運用**計畫中的球**回擊，所以也要掌握對線路的感覺。

就是金字塔最上面的一層。

沒錯！

打出計畫中的球
打入檯區
球感

步法的要領只有一個！那就是提醒自己腳**步幅度要大**。

做到這一點，就會有很大的差別。

好！

踏

我也會教你們應對快節奏的**步法**要領。

只要能迅速移動，就可以應對各種線路，也能在要拉弧圈球前累積力量。

原來如此。

啟太，我們來練習吧！

嗯！

第147頁和第167頁，介紹了其他系統練習，也試試看吧！

怎麼了？

那個⋯⋯阿口哥哥。

要問問題或有事商量嗎？

嗯⋯⋯

這些基本的技巧，我都可以做到了。

但最近好像碰到撞牆期⋯⋯

不知道該怎麼進步。

回歸基礎。

基礎？

對。

這種時候，我會先**回歸基礎**。

撞牆期⋯⋯我也遇過。

你也遇過？

從頭開始一項一項回顧。

例如戰術和自己合不合？球拍和膠皮適合嗎？

握拍方式正確嗎？正反手的動作正確是不是養成了壞習慣？

你有寫**桌球筆記**嗎？

有。

重讀桌球筆記，也會發現問題。

看桌球筆記，一項一項確認基礎。

對你有幫助嗎？

嗯，謝謝你。

敬禮

如果還有問題，儘管問！

喔？

別客氣，來聽聽吧！

什麼？這個⋯⋯

聖治，那個⋯⋯

悄悄話

咦？

要怎麼做才能和女生和好？

嗯⋯⋯

梨花。

現在才道歉？

對不起。

不是……雖然那也是原因。

所以就遷怒到我身上？

所以想梨花也能更認真。但是比賽快到了，慎吾又那麼拚命練習，我希

梨花說得沒錯，我是因為撞牆期而心急。

所以？

然要放棄桌球。無法接受梨花竟最大的原因是我

所以我以後不會在桌球方面對你多嘴，

在比賽之前，

你可以繼續教慎吾打桌球嗎？

拜託！

算我求你了！

畢竟我和媽媽有約定。

我會繼續教慎吾，讓他具備打贏比賽的水準。

之後我就不敢保證了。

我知道了。謝謝你，梨花。

看吧！

誠心道歉是最好的方法。

是！

相持球

加強基本打法、弧圈球等的相持能力是進步的目標之一。
在這裡介紹相持需要的知識與技術。

A Answer

先從短距離開始練習，
體會控球的感覺。

加強相持能力的要領，在於掌握穩定的打法及控球的感覺，並要仔細觀察對手的動作。以下介紹的是有助於提高相持能力的練習方法。

Q Question

★★★

要怎麼做才能加強
相持能力？

★★★ **相持球 1**

適合的擊球點

先來了解如何找到
適合自己的擊球點吧！

在身體前方比出一個完整的圓形。在圓形的邊線上擊球，很容易就能將力道從球拍帶到球上，也就是最適合的擊球點範圍。

加強相持能力

★★★ 相持球 2

控球

先從球檯的短距離開始練習，
慢慢的，遠距離也能打得好。

★★★ 第2階段

在球檯中央的位置對打。

★★★ 第1階段

在球網附近對打。

★★★ 第4階段

在球檯的對角線上對打。

★★★ 第3階段

在球檯的直線上對打。

這是重點！

不只要注意自己的動作，也要練習看清對手球拍的動作，這樣才能從球拍方向等細節預測出球的軌道，
比賽時就能看出對手使用的是搓球、弧圈球或其他技巧。

持拍手和另一腳的腳尖都要
朝向想打過去的方向。

用正手打出不同的線路並不簡單，
不過只要遵守兩個要點，就能輕易
學會控球。

★★★ 要怎麼用正手打出
不同的線路？

★★★ 相持球 **3**

如何練好
正手的控球？

以下介紹用正手打出不同線路的兩項要點。

★★★ **身體前方**

想像一種借力使力的感覺，試著在身體
前方迎球。

★★★ **腳尖**

持拍手和另一腳的腳尖都朝向想打過去的
方向，自然就會調整成打往那個方向的姿
勢，但要注意只移動腳步是不夠的唷！另
外，要拉弧圈球或扣殺時也一樣。

朝向想打過去
的方向

這是重點6!

擊球的位置越靠後，就越難控球。這種時候要注意球拍
的角度，打向想要的線路。

步法

桌球有兩種步法，
分別是橫向移動和前後移動。

腳步不要踏死，
步伐要大。

練到能加快步法移位，就可以用最
容易擊球的姿勢回擊。
注意下列三項要領，練習看看吧！

怎麼做才能加快步法？

★★★ 步法

三項要領與練習方法

★★★ 三項要領

①腳步不要踏死，保
持姿勢靈活。

②提醒自己注意步伐
要大。

③注意每一種打法的
基本姿勢，練習迅
速回到基本姿勢的
感覺。

★★★ 練習方法

按照①正手近檯、②正手遠檯、③反手近檯、④反手
遠檯的順序移動，透過這個系統練習，學習步法移位
的方式。

④反手遠檯　③反手近檯

②正手遠檯　①正手近檯

 重點！

這麼做能夠一次練習到橫向移動和前後移動，是
個一石二鳥的練習方法。

正反手切換

目前桌球打法類型中的主流是近檯快攻，
因此正反手的切換是很重要的技術。

A Answer

先學會有效率的
姿勢與揮拍方式。

正反手的切換之所以感到困難，是
因為揮拍時不必要的動作太多。
注意下列兩項要領，嘗試切換練習
吧！

Q Question

正反手的切換好難，
★★★ 要怎麼練習呢？

★★★ **正反手切換 1**
切換的兩項要領

先了解要領，
就能減少切換時多餘的動作。

★★★ **直線移動**

切換時不要畫出太大的弧線，動作要像直線
般移動。

★★★ **身體姿勢**

盡量朝向正面。

直線移動

這是重點!

無論是正反手，揮拍的幅度都不要太大。

加強相持能力

★★★ 正反手切換2
切換練習

按照反手、中路、反手、正手的順序切換，
透過這個系統練習，學習切換的方式。

★★★ 正手　打到正手位的球用正手回擊。

★★★ 反手　打到反手位的球用反手回擊。

重複 →

★★★ 反手　打到反手位的球用反手回擊。

★★★ 中路　打到中路的球用正手回擊。

←

這是重點!

從反手位的反手擊球到中路的正手擊球，再接反手位的反手擊球到正手位的正手擊球，只要練好這兩種切換，就能學會處理整個檯區的球。這不只能練習切換時的手部動作，也能同時練習切換時的身體動作。

對拉弧圈球

對拉正手弧圈球有魄力又帥氣！
先了解要領再進一步練習，就能學會對拉弧圈球。

有什麼要領可以加強
★ 對拉正手弧圈球的能力？

運用全身的動作，
畫出大幅度的弧線。

對拉正手弧圈球需要比一般的弧圈
球更強的摩擦。不只動手，更要用
全身去帶動，對球製造出強勁的旋
轉。

★★★ 對拉弧圈球 ————

四項要領

 為了對球製造出強勁旋轉，
試著按照下列四項要領拉弧圈球吧！

★★★ **姿勢**

雙腳張開要夠大，寬度大
於肩膀，與球檯保有一定
的距離。

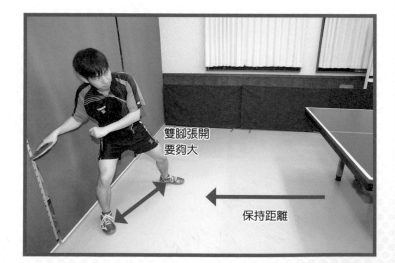

雙腳張開
要夠大

保持距離

 這是重點!

雙腳張開要夠大，才有辦法反
拉對手的弧圈球。

運用身體的方式

拉弧圈球時要運用到全身的動作。很多人無法對拉弧圈球，是因為只動手擊球，而沒有用身體來帶動。

這是重點!

如果一心只想著把球打遠，很容易就會只動手，千萬要注意。

★★★ 弧線

球拍角度呈45度，揮拍時要畫出大弧線，而非高弧線。

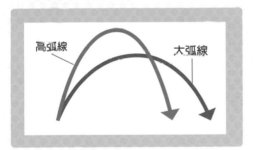

高弧線　　　大弧線

★★★ 自我提醒

提醒自己製造出強勁旋轉。將重點放在旋轉，用自己的上旋反過來對付對手的上旋。

這是重點!

不要「撞擊」球，而是去「摩擦」球。

真的！阿口哥哥真不是蓋的。

還好有阿口哥哥幫忙，不然真不知道該怎麼辦。

梨花和聖治和好，真是太好了。

對啊！

我們繼續努力練習吧！

嗯！

大家好！

廣瀨桌球用品

七嘴八舌

慎吾、啟太，來這邊。

這⋯⋯這是發生什麼事？

聖治，這些人是誰？

不知道，我也才剛到。

他們是廣瀨桌球教室的畢業生和銀髮班的學生。

這與今天要教的發球和接發球也有關係。

與發球和接發球有關？

你等一下就知道了。

你們三個也該開始練習了。

今天我要教的是發球和接發球。

好！

首先是發球的基本規則。

發球時，手在球檯上方平坦張開，讓別人可以看到球。

將球拋起，高度要在16公分以上，發球！

發球時，球必須先落在己方檯區彈跳一次。

叩

如果觸網沒打進對方檯區，可以重新發球。

規則好細喔！

別擔心，很快就會習慣。

呃……

發下旋球和側旋球都學過了，接下來的學習重點，是練習發球的要領。

110

112

接著是接發球練習。

基本上只要看清楚對手發球時球拍的**角度**，把球拍拿成**同樣的角度**回擊，就可以學會接發球。

其他接發球方法，請看第127頁。

所以在習慣之前，必須做大量的練習。

拿成同樣角度？太難了吧！

麻煩大家嘍！

是！

OK

大家會發各種球給你，你的目標就是學會穩定接發球。

為什麼要接大家的發球？

因為你還缺乏經驗。學著去接不同人的發球，對你很重要。

人數眾多

這也是能快速累積能力，打贏比賽的祕技。

特訓開始！

嘻

叮

叩

叩

啊——

呔

看吧！

好！

可惡

原來如此。

梨花！

你不在的期間，我學會拉弧圈球了，你快來看。

梨花，好久沒比賽了，打一場吧！

梨花，教我發側旋球。

真拿你們沒辦法。

太棒了！

我發現，大家都很希望你繼續打桌球。

所以我才不打桌球了。

我知道。

為什麼？

從小接受指導，我一直覺得打桌球很理所當然。

一想到搞不好只是在滿足眾人的期望，我就無法繼續練習。

所以你才會去上各種課程。

有一次，朋友問我……

梨花為什麼要打桌球呢？

我開始思考打桌球的原因……

我本來以為遠離桌球，或許會找到答案。

結果呢？

116

嗯……

不知道。

我覺得那不用想得那麼複雜，

只要問自己「喜歡還是討厭桌球」，不就好了嗎？

喜歡還是討厭？

那慎吾你喜歡上桌球了嗎？

嗯！因為大家的幫忙，我已經深深愛上桌球了。

握拳

哦！

膽子不小嘛！

距離比賽，剩下的時間也不多了。

教練，麻煩你指導嘍！

我會嚴格訓練，做好覺悟吧！

發球

打出第一球，開啟比賽的技術就是發球。
一起來學會各種發球吧！

A Answer

有上旋球、下旋球、
側旋球和平擊球四種。

‥‥‥‥‥‥‥‥‥‥‥‥‥‥‥

發球基本上就是這四種，不過根據
旋轉、球速、距離等搭配方式，威
力可是會截然不同的。

Q Question

★★★ 發球有哪些種類呢？

★★★ **發球 1**
基本的四種發球

先介紹上旋球、下旋球、側旋球和平擊球，
這四種發球的特色。

★★★ 發上旋球

帶有上旋的發球。發球時，就
用和拉弧圈球時一樣的感覺摩
擦球。由於第一球就用上旋球
發動攻勢，對手回擊時打成高
球的可能性提高，因此第三球
時就能更容易進攻。

球往上飛

 這是重點！

運用手肘以下的前臂，觸球瞬
間用拉弧圈球的感覺摩擦球。

發下旋球

帶有下旋的發球。除了有足夠力量拉弧圈球的選手外，對手大多會用搓球回擊。

第79頁的「搓球」技術也屬於下旋球，兩者打法有許多相通之處。

發側旋球

帶有側旋的發球。可以發出像是往外跳的球。

球往外側跳出去

第87頁的「側擰」也與側旋球有關。記得去了解各種技術之間的關聯喔！

發平擊球

不帶旋轉的球。保持與發其他旋轉球相同的姿勢發出平擊球，發球的威力會強大好幾倍。

用「撞擊」的方式發球，基本上就會變成平擊球。

最推薦的是模擬比賽
狀況的發球練習。

有可以運用在實戰的
★★★ 發球練習嗎？

一般發球練習，時常固定用同樣的
發球或線路。為了在比賽中獲勝，
必須模擬實戰的發球練習。

★★★ 發球2

運用在實戰的發球練習

每一次比賽都要運用不同的發球。以下的練
習方法，有助於提高每一種發球的精準度。

★★★ 短球與長球

輪流發短球與長球，練習掌握球檯上的
距離感。

★★★ 改變線路

每次發球都要變換線路，交錯發球到反手位、中路與正手位。

發球與接發球

★★★ 改變旋轉

每次發球都要改變旋轉的種類，交錯發出下旋球、側旋球、上旋球和平擊球，這樣每次比賽時，才能用不同的發球打開新局面。

下旋球

側旋球

平擊球

★★★ 同樣的姿勢

比賽時，如果每發一種旋轉球就換一種姿勢，容易讓對手從發球姿勢就看出端倪。練習保持同樣的姿勢，發出不同方式旋轉的球吧！

下旋球

側旋球

平擊球

★★★ 全力發球

練習在發每一種旋轉球的同時，用盡自己的全力製造旋轉。

不要考慮線路，
用盡全力製造旋轉

這是重點6！

練習用盡全力製造旋轉，可以得知自己掌握多大的力量，有助於增強旋轉的最大值。

拍頭朝下，小幅揮拍。

要怎麼打出球速快的發球？

球速快的發球，靠速度就能出其不意的發動攻勢。這個姿勢也能用來發旋轉球，一定要學起來喔！

★★★ 發球 **3**

快速發球的三要領

★★★ **揮拍方式**

球拍後引幅度不要太大，以大約20～30公分的小幅度揮拍。

★★★ **擊球點**

等球落到接近球檯後再擊球。

★★★ **球拍**

擊球時拍頭朝下。

接近球檯

如果以上這些太難懂，請記得……

不要讓球碰到球拍與球檯時，發出「咚……咚……」這種聽起來徐緩的反彈聲，而是要讓打出的球發出快節奏的「咚咚」聲。

A Answer

掌握要領，
俐落的製造旋轉。

發下旋球也是比賽中的基礎戰力。
掌握要領，學會發下旋球的方法。

Question **Q**

★★★ 要怎麼發下旋球？

★★★ 發球 **4**

發下旋球的
基本步驟

★★★ **用球檯做練習** 　在球檯上做製造逆旋的
擊球練習。

★★★ **實際發球** 　球拍與球檯平行，做出
迅速的薄摩擦。

球拍與球檯
平行

★★★ **設想製造旋轉**

拍面朝向後方，做逆旋的
擊球練習，培養製造旋轉
的感覺。

這是重點！

和第34頁培養「摩擦」感覺的擊
球練習相同，先培養出製造下旋
的感覺吧！

發球5

學會發基本的下旋球後……

接下來教大家用同樣的姿勢，打出平擊球的下旋球發球法。

★★★ 角度

原本與球檯平行的球拍，改成呈60度。

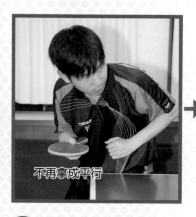

不再拿成平行

改成呈60度

★★★ 摩擦位置

從球拍靠近身體的那一側，往上摩擦球。

★★★ 前臂

同樣的姿勢也可以發出平擊球，所以要用不會被對手看穿的動作摩擦。不要動到手腕，而是用前臂俐落摩擦，就不容易被看出來。

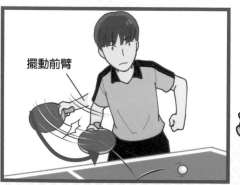

擺動前臂

★★★ 揮拍

斜擺揮拍。

這是重點6！

發下旋球時，球拍要由上往下摩擦球的下方，發平擊球時則不要摩擦，用球拍撞擊的感覺去擊球。

A Answer

練習時，
注意握柄與球拍的角度。

比起下旋球，想加強發側旋球的旋
轉，更需要掌握幾項要領。
注意下列要領，努力練習吧！

Q Question

★★★ 要怎麼加強發側旋球
的旋轉？

★★★ 發球**6**

發側旋球的基本步驟

★★★ **①培養感覺**

由下往上全力揮拍，製造側旋
的感覺。

★★★ **②設想製造旋轉**

用拇指與食指握拍，拍面傾斜呈45度。

拍面傾斜
呈45度

拇指與食指
握住球拍

★★★ **③實際發球**

發球時，不是像①那樣由
下往上揮拍，而是朝正後
方引拍，平行揮拍將球發
出。

★★★ 發球 7
學會發基本的 側旋球後……

接下來教大家可以用同樣的姿勢，
打出平擊球的側旋球發球法。

★★★ 拋球

拋球高度約1公尺，以加強側
旋的威力。

約1公尺

★★★ 握柄

由兩指握拍改為五指握拍。

五指握拍法

一般的
兩指握拍法

★★★ 揮拍

從身體側面，揮動手
臂來摩擦球。

★★★ 側下・側上

側下旋球要由球拍的左下
方往右上方摩擦，側上旋
球則要由球拍的左上方往
右下方摩擦。

側下旋球

側上旋球

發球與接發球

接發球

回擊對手發球的技術就是接發球。
如果接發球的技術不好，其他技術也無用武之地。

學會調整拍面角度和改變
旋轉性質的搓球就對了！

旋轉發球有很多種，全都要接得好
並不容易。不過，只要學好兩種搓
球，能穩穩接發球的可能性就會大
幅提升。

每一種旋轉球都有各自的
★★★ 接發球方法嗎？

★★★ 接發球 **1**

調整拍面角度的
搓球要領

接發球的要領，首先就是要仔細觀察對手動作。
練習時，也要記得觀察對手。

★★★　**角度**

搓球的拍面角度，要調整成與對手
發球時的拍面角度相同。

 這是重點6!

仔細觀察對手發球時的拍面角
度，將自己的拍面調成相同角
度，觸球並搓球回擊，就是一
次穩穩的接發球。

拍面與對手的拍面
角度相同

★★★ **改變旋轉性質的搓球**

第80頁介紹的「改變旋轉性質的搓球」，在接發球時也很有效果，讓我們複習一次吧！

拍面傾斜呈45度

球拍呈45度。

等球近身時，就迅速搓球

當球近身時，用迅速劈落的感覺搓球。

這是重點！

當對手的球旋轉強勁時，有時並無法使用改變旋轉性質的搓球，此時就用調整拍面角度的搓球回擊，等待下一個機會到來。

重點建議

看不出對手發的是哪一種旋轉球時，試著先用搓球，瞄準中路回擊。

瞄準中路

這是重點！

尤其是側旋球，無論球上帶著左旋還是右旋，只要瞄準中路回擊，就能降低打出球檯外出界的可能。

A Answer

練習到把觸球的瞬間
看得清清楚楚吧！

....

對手發球時，要看出那是什麼樣的
球並不容易。記住下列三項重點，
培養看球的眼光。

Q Question

★★★ 怎樣才能看清楚
對手的發球呢？

★★★ 接發球 **2**

看出對手發球的
三項重點

★★★ **觸球**

學著觀察最重要的觸
球瞬間，讓身體隨之
做出反應。

★★★ **動作**

發球後的假動作（用
來欺敵的動作）一旦
在腦中留下印象，判
斷速度就會變慢。

★★★ **拋球**

根據發球類型，有些選手
會將球拋得很高，如果眼
睛盯著拋起的球，很容易
錯失重要的觸球瞬間。比
起球，更要觀察對手的動
作與球拍。

這是重點！

這三項同樣也是對手觀察你的重點。反過來說，只要有心運用
這三項重點，就不容易讓對手看出發球的種類了。

A Answer

學會看清來球，
以加強旋轉的弧圈球回擊。

只要學會用可以改變對手發球旋轉
的弧圈球來接發球，就能從接發球
時就開始積極搶攻。

Q Question

要怎麼用弧圈球接發球？

★★★ **接發球 3**
用弧圈球接發球的
練習方法

★★★ **看清來球**

請別人發球，練習判斷來球是否會一次反彈就彈出球檯邊緣。
覺得會彈出去就說「會」，不會彈出去就說「不會」。

這是重點!

判斷「會彈出
去」的球，就
是可以拉弧圈
球的球。

★★★ **要領**

無論是正手或反手弧圈球，都要記得從
低處往上拉。

正手　　　　　　　右腳深深下壓，由下
　　　　　　　　　往上用力製造旋轉。

觸球瞬間手腕用
力，由下往上摩
擦。

反手

130

請告訴我比賽中發球的要領。

★★★ 比賽中發球的順序和要領

和隊友一起做！

中場休息

HALF TIME

接下來要介紹的是發球的要領，包括比賽中該用什麼樣的順序發什麼樣的旋轉球會最有效？該怎麼做，才不會讓對手看出自己要發哪一種旋轉球？

找出發球最有效的方法

按照①～③的順序，找出最能有效對付對手的發球。

①先發弧圈球、下旋球和側旋球，測試出最有效的發球。

弧圈球

下旋球

側旋球

②找出有效的發球後，就以那種發球為中心進攻。

如果對手有哪一種發球接得比較不好，表示那是對手不擅長處理的發球，就以那種發球為中心進攻吧！不過對手也會漸漸習慣球的旋轉，到時候就改發別種旋轉球。

③如果沒有特別有效的發球，就一直發不同的旋轉球。

如果找不到特別有效的發球，就用不同的發球順序讓對手無法習慣球的旋轉。運用手腕反覆縱向（弧圈球、下旋球）→橫向→縱向→橫向的發球，讓對手昏頭轉向。

適合進階者！不會被看破的發球法

在此介紹不會被看出發球種類的六種假動作（欺騙對手的動作）。

- 旋轉的假動作
  假裝要發下旋球，實際上卻發出側旋球。

- 線路的假動作
  假裝要打到反手位，實際上卻打到正手位。

- 球拍的假動作
  即使要發同一種旋轉球，也要改變球拍擊球的位置。

- 距離的假動作
  假裝要發長球卻發了短球，用這一類的發球距離欺敵。

- 姿勢的假動作
  用同樣的發球姿勢，發出不同的旋轉球。

- 動作的假動作
  在發球後的動作中加入變化。

第6章 實際來場比賽吧！
MANGA **TABLE TENNIS** PRIMER ⦿ Chapter 06

太棒了！

慎吾的狀態
很好呢！

因為梨花說「多和別人比賽，可以鍛鍊自己」。

謝謝！

揮手

目標「全勝」！

一起加油吧！

哦？是誰來了？

嗨

喂——可以和我比一場嗎？

啊！

菊地三兄弟之一！

我是大哥悠人啦！請記住我的名字。

慎吾，還是算了啦……

我記得，你是梨花那邊的初學者。

比賽嗎？我來當你的對手。

別擔心！我已經不是那時的我了。

而且得先知道敵人有多強。

握

那就說定了。

啟太，你來當裁判。

咦？我知道了。

一局11分制。

五局中，先獲得三勝的人就贏了。

這就是**長顆粒膠皮**？

第一次遇到用長顆粒的對手嗎？

請檢查彼此的球拍。

我先發球。

好！

嗚

呵，等一下你就知道了。

請猜拳決定發球權。

怎麼了？

零比零。

先發下旋球。

奇怪？他不是用搓球回擊。

這時候用搓球⋯⋯

怎麼會這樣？

咦？

哈哈哈哈
哈哈哈

呵呵

看來他真的不知道長顆粒是什麼樣的膠皮。

慎吾，長顆粒就是⋯⋯

嗚⋯⋯

瞪

裁判可以在比賽中插嘴嗎？

啟太！

難道，長顆粒有什麼特別的地方嗎？

接著，換側旋球！

叩

喀

可惡！

接下來，換我發球。

下旋球……

那……

喀叩

拉弧圈球！

喀

叩

看我的……

颯

喀

連弧圈球都……

到底是怎麼一回事？

喀沙

嘰嘰

啪咻

咻咻咻

什麼！

悠人先拿下三局，悠人獲勝。

一個星期後的比賽，真叫人期待。

初學者。

總之，繼續練習吧！

握

叮鈴
叮鈴

什麼？

我是不是不要上場比賽比較好？

啟太。

是他們……

梨花……

比賽結果如何？

全勝吧？

嗯？慎吾怎麼了？

而且悠人用的是長顆粒膠皮。

長顆粒？他什麼時候練的！

慎吾和悠人比賽，一局都沒有拿下……雖然在那之前都是全勝。

和悠人比賽？

梨花，我……還是不要上場好了。

你在說什麼啊？

141

好！剩下的一星期，我會扎實的鍛鍊你。

請教我對付長顆粒的打法。

我一定要贏那傢伙！

慎吾！

往廣瀨桌球教室全速衝刺吧！

哇哇哇哇哇

喂！

等等啦——

不可能因為輸了一次就放棄⋯⋯

最喜歡桌球了！！

比賽中的重要事項

比賽中，有時會無法表現出練習時的水準，或是碰到預料之外的線路與旋轉，因此應變能力非常重要。一起來了解比賽中的重要事項，抓住勝利。

A Answer

學會緩解緊張，
並按照有助於贏球的
優先順序來練習。

比賽時，因為緊張而無法充分發揮自己的實力是常有的事。學習並掌握緩解緊張的方法與有助於贏球的優先順序，運用在比賽與練習之中吧！

Q Question

★★★ 一到比賽就表現失常，
該怎麼辦？

★★★ 比賽中的重要事項 **1**
緩解緊張的方法與
有助於贏球的優先順序

★★★ **有助於贏球的優先順序**

① **發球能力**
　　參照第118頁以後。

② **從發球算起的第三球攻擊**
　　參照第167頁以後。

③ **接發球能力**
　　參照第127頁以後。

④ **從接發球算起的第四球攻擊**
　　參照第170頁。

⑤ **正反手的推擋**
　　參照第145頁。

⑥ **正反手弧圈球**
　　參照第74頁以後。

⑦ **步法**
　　參照第103頁。

★★★ **緩解緊張的方法**

① 聽音樂放鬆。

② 比賽前小跑步五分鐘。

③ 比賽前淨空思緒。

④ 深呼吸讓氧氣吸入體內。

⑤ 告訴自己適度緊張沒關係。

⑥ 小聲複習該注意的事項。

⑦ 練習揮空拍。

A Answer

用推擋瞄準對手的空檔。

對手接連打出扣殺或弧圈球時，從中找到進攻的機會非常困難，此時可用推擋來打亂對手攻勢。

Q Question

對手用強勁的球進攻時，★★★該怎麼處理呢？

★★★ **比賽中的重要事項2**

推擋的要領

★★★ 豎起球拍

無論是正手或反手推擋，都要將球拍豎起。

豎起球拍

重點在於球拍完全保持不動

★★★ 豎起球拍的好處

① 削弱對手來球的威力。

② 更迅速的切換到防守。

③ 擊球點更靠前，可以用快節奏回擊。

這樣不行！

推擋時如果將球拍往下壓，球馬上會往下掉。

失誤是正常的。
用正面的想法看待，
不要一錯再錯就可以了。

要如何減少失誤呢？

比賽時，對手當然會設法引你失誤，而失誤也是很正常的事。要是失誤一次就念念不忘，之後就很容易接連失誤。

★★★ 比賽中的重要事項 3

比賽中面對失誤的
思考方式

★★★ 面對失誤的思考方式

①告訴自己失誤是很正常的。

②想像自己擅長掌握、再次拿分的比賽走向。

③如果持續失誤，就換一種戰術或技巧試試看。

★★★ 減少失誤的練習方法

嘗試掌握自己對每種技巧的成功率，例如扣殺和弧圈球等各項技巧，每打20球的成功率有多少？都要確實掌握清楚。
如果成功率低於50%，代表必須繼續精進，直到足以用於比賽中。努力提高精準度，讓成功率能達到80%。

隨機練習

學會基本打法後，加入隨機（不規則）練習，加強實戰能力。

A Answer

就是接近比賽形式的
系統練習。

有固定打法與線路的練習，對於學會
該種打法非常有幫助，不過也要加入
沒有規定線路與旋轉等條件的隨機練
習，用接近比賽的形式來訓練。

Q Question

★★★ 隨機練習是什麼？

★★★ 隨機練習

加強實戰能力的 隨機練習

注意下列四項隨機練習的目的，
進行隨機練習吧！

★★★ **切換**

用涵蓋整個檯區的隨機線路，來
練習正反手切換。球來到正手位
就切換成正手，來到反手位就切
換成反手回擊，練到能習慣迅速
切換正反手。

這是重點6！

這個練習的目的→
加快正反手的切換速度。

正手位用
正手回擊

反手位用
反手回擊

餵球的人用不規則的線路餵球

★★★　全正手

面對涵蓋整個檯區的隨機線路，全都用正手回擊。球來到反手位時要側身回擊，所以也能練習到步法移位。

這個練習的目的→
練到能迅速做出反應。

反手位的球就側身去打

餵球的人用不規則的線路餵球

★★★　全推擋

面對涵蓋整個檯區的隨機線路，全都用推擋回擊。練到無論什麼球都能用推擋回擊，加強防守能力。

這個練習的目的→
練好猶如銅牆鐵壁的推擋技術。

餵球的人盡量發出力道強勁的球

★★★　全部隨機

練習處理線路、旋轉、方向全都是隨機的球。這是最接近實戰的形式。

這個練習的目的→
接近實戰狀況，訓練可以處理任何狀況的能力。

餵球的人盡量發出各種不同的球

 看不出對手的弱點在哪裡？

如何看穿對手的弱點？

和隊友一起感！

中場休息

HALF TIME

在第131頁介紹了找出哪種發球最有效的方法，但要判斷發球對於對手是否有效並不簡單。以下就來介紹判斷發球對於對手是否有效的方法。

什麼是發球有效的狀態？

比賽的一大重點，就是學會判斷「自己的發球效果如何」。

參考下列六種狀態，找出對手的弱點吧！

證明發球有效的六種狀態	①回擊的擊球點比平時更低	發球產生效果時，對手的擊球點通常會比平時更低。如果擊球點高，代表效果不佳。
	②僅只是順著發球的來勢回擊	如果對手僅只是順著發球的來勢以搓球回擊，就表示對手沒看出發的是哪種旋轉球。
	③接發球變得比平時更慎重	對手在接發球時試圖慎重看清發球，就表示對手還無法看出發球的種類。
	④放慢揮拍速度	這也表示對手還看不出是哪種發球。對手若快速揮拍，表示已經看出發球類型了。
	⑤回擊時打成高球	這是發球有效壓制對手的證據。如果回擊的球又低又快，代表發球已經被看穿了。
	⑥我方發球時想後退拉開距離	想在球發過去前慢慢做好接發球動作，代表對手正在思考這一球，表示這球有效喔！

比賽中該如何找到對手的弱點？

除了發球以外，在此介紹其他比賽中該注意對手的重點。

找到對手的弱點，就集中進攻吧！

該注意的三個重點	①找出讓對手反應速度慢一拍的球	遇到特定線路、旋轉時反應變慢，很有可能就是其弱點。多方嘗試正反手、下旋與側旋，找出可乘之機。
	②仔細觀察是否能製造旋轉？	可以拉正手弧圈但反手不行，可以反手搓球但正手不行……無法製造旋轉的那一邊，通常就是對手的弱點。
	③回擊方式是否多樣化？	球打到正手位時，對手以弧圈球、推擋、搓球等多樣化打法回擊，表示那是拿手位。如果回擊單一，表示弱點就在那。

你們！

聖治，冷靜。

你們是不是知道原因？

誰知道？

你有證據嗎？

啟太說過，下次比賽他絕對要贏，他一定會來。

慎吾……

沒錯！

可惡！

轉頭

聖治，冷靜點。

等一下！

很遺憾，啟太就算不戰而敗了。

比賽快開始嘍！

咦？
真的嗎？

我代替他上場！

梨花！

難道說……

實在是太傻了。

我突然覺得，只不過被人說兩句，就放棄最愛的桌球，

梨花……

對吧？

你果然真的很喜歡桌球。

當然！

慎吾、聖治，我們來拿下全勝吧！

好！

我先發球。

下旋會變成上旋，側旋會變成反向側旋，知道原理，就能找出對策。

長顆粒很容易讓回擊的球變成相反的旋轉。

零比零。

叩

喀

首先是發平擊球。

很好！如果是平擊球，就能不受旋轉影響，發動攻勢！

什麼！

啪咻

154

陷入苦戰。

知道了！阿口哥哥。

聖治，一球一球用心打。

來吧！

沒錯，注重基礎……

反手位？

嗯？

好！

光靠單純的長顆粒對策，沒辦法贏。

叩

嗆

竟然是正手位？

哭

你在搞什麼？

啟太！

啟太！

呼 呼 呼

梨花！對不起。

昨天秀人通知我會場變更，所以我跑到另一間體育館，但那裡一個人都沒有……我……我……

嗚……抽噎

果然是菊地三兄弟在搞鬼！

咦？

慎吾正在努力比賽呢！

啟太，沒關係。

知道了。

好。

啟太！

慎吾——

使出那招！

這下該結束了。

弧圈球嗎？簡單！

不是弧圈球？

糟糕！

那是不轉弧圈球！

看似弧圈球，其實是平擊球。當對手用長顆粒回擊時，可以直接扣殺。

打得好！慎吾

來吧！只剩一球。

＊賽末點：比賽中，領先方再贏得1分即可獲勝的情況。

賽末點＊了。慎吾，集中精神！

準備！

快速長球！

啊！

嘶？

喀

三浦選手，獲勝！

11比9！

喝！

啪

咻

喔耶!

太棒啦!

咦?梨花嗎?

是啊!

別在意!那傢伙贏得了漂亮的一勝。

慎吾,對不起,我沒有趕上。

重點是達成全勝!

沒錯。

張開

慎吾,謝謝你,梨花好像願意回來打桌球了。

我沒做什麼啦!

163

對不起，我沒能上場。

聖治，恭喜你。

謝謝阿口哥哥的指導。

聖治，比賽很精采，辛苦了。

慎吾……

阿

我……

啟太，謝謝你。

什麼——

不行！回去要開反省會。

咦？贏了不就好了？

我都教你對付長顆粒了，你應該贏得更輕鬆！

哈哈我明明贏了

偷偷摸摸

加油！

阿口哥哥——

真的假的？

164

戰術

發球的順序、從發球算起的第三球攻擊、接發球之後的走向……
了解這些戰術，在比賽中獲得勝利吧！

A Answer

嘗試看看有助於
勝利的七要領。

如果比賽時沒頭沒腦，要獲勝也很難。試著提醒自己以下這些有助於贏球的要領，練習時注意心態，隨時都抱持著想贏的決心。

Question **Q**

★★　有哪些對贏得比賽
有幫助的要領嗎？

★★★ 戰術 **1**

有助於勝利的
練習心態與要領

★★★　**有助於勝利的要領**

①一開始就積極進攻。

②連續搶分。

③隨時設法先發制人。

④抱持「發球時得2分，接發球時得1分」的心態。

⑤隨時做好打到決勝局，每局都進入丟士（10－10）的覺悟。

⑥9－9開始要專注三倍。

⑦最後一球要搶攻。

★★★　**有助於勝利的練習心態**

①不要比對手先犯錯。

②動作要比對手快。

③要比對手更有精神。

④抱持「尊敬對手」的心態。

⑤抱持「向對手討教」的心態。

⑥要比對手更專注。

⑦不要退縮。

發球方有什麼戰術嗎？

A Answer

發球前要想好到
第三球為止的走向。

以發球開始的戰術，最有效果的是第
三球的攻擊。為了能在第三球，也就
是對手接發球回擊後的那一球進攻，
要先想想發球的種類與走向。

※以下為監修者山口隆一先生根據經驗法則擬定的戰術。

 戰術 **2**

 第三球攻擊的
六種範本

★★★ **以發下旋球開始的第三球①**

發下旋球到對手的正手位，對手以搓球
回擊到正手位的機率很高。

↓

對下旋球拉弧圈，
發動攻勢！

 這是重點6!

從正手位打到反手位並不容易，所以對
手回擊到正手位的機率很高。

②對手回擊到
正手位

①下旋球打
到正手位

★★★ **以發下旋球開始的第三球②**

發下旋長球到對手的反手位，對手以搓
球回擊到反手位的機率很高。

↓

對下旋球拉弧圈，
發動攻勢！

 這是重點6!

從反手位打到正手位並不容易，所以對
手回擊到反手位的機率很高。

②對手回擊到
反手位

①下旋長球打到
反手位

★★★ 以發側旋球開始的第三球①

發側旋長球到對手的反手位，對手接發球打到反手位的機率很高。

↓

以扣殺發動攻勢！

 這是重點6！

對手接側旋球時，通常會想回擊到反手位，所以球來到反手位的機率很高。

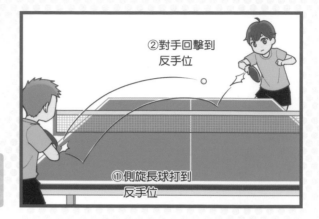

②對手回擊到反手位

①側旋長球打到反手位

★★★ 以發側旋球開始的第三球②

發側旋長球到對手的正手位，對手接發球打到正手位的機率很高。

↓

以扣殺發動攻勢！

這是重點6！

從正手位打到反手位並不容易，所以對手回擊到正手位的機率很高。

②對手回擊到正手位

①側旋長球打到正手位

★★★ 以發平擊球開始的第三球①

發平擊長球到對手的反手位，對手接發球打到反手位的機率很高。

↓

以扣殺發動攻勢！

這是重點6！

平擊球是不帶旋轉的，所以對手接發球時，也有很高的機率回擊成相對好打的球。

②對手回擊到反手位

①平擊長球打到反手位

有助於勝利的戰術

⭐⭐⭐ 以發平擊球開始的第三球②

用看起來像要發旋轉球的大動作發出平擊球，對手接發球時打成高球的可能性就會提高。

↓

以扣殺發動攻勢！

這是重點！

看到大動作，對手很容易謹慎以對，如此一來打成高球回擊的機率就會變高。

①大動作發出平擊球

②對手回擊成高球

⭐⭐⭐ 有助於在第三球發動攻勢的兩項要領

①發球練習時，發完球就順勢做出第三球的動作

發球練習時，就要抱著準備在第三球發動攻擊的心態練習。
發球後馬上做出進攻動作，從容不迫的在第三球發動攻擊。

②思考適合自己的發球戰術

上旋球組合型
對相持能力有自信的人

發上旋球、側（上）旋球→接發球
→扣殺或快速弧圈球

速度就是武器
不給對手任何反應時間

下旋球組合型
對旋轉球有自信的人

發下旋球、側（下）旋球→搓球
→弧圈球

注重旋轉
可以掌控自己的節奏

接發球方有什麼戰術嗎？

學會進攻型接發球和
防止對手進攻的
防守型接發球吧！

看清楚對手的發球後，試著抓住在第二球進攻的機會。如果沒有辦法在第二球進攻，就用防止對手在第三球進攻的方式接發球，爭取第四球的機會。

★★★ 戰術 **3**

進攻型接發球

★★★ 戰術 **4**

快點的要領

快點是面對下旋短球時，
將球撥回去的打法。

★★★ **三種進攻型接發球**

① 出檯的球就用弧圈球回擊。

② 打到檯內反手位的球就用側撇回擊。

③ 對手發下旋系的短球到正手位就用快點回擊。

 **小幅揮拍**

手臂不要過度後引，記得
小幅揮拍。

揮拍速度

速度要比對手發球時的揮拍速度更快。

擊球位置

球彈起到最高點時擊球。

小幅揮拍就
不容易受到
旋轉的影響

必須留意觸球
的瞬間

擊球位置太低
會掛網

★★★ 戰術5

擺短的要領

防守型接發球包含搓球與擺短。
擺短是將球又低又短、
回擊到球網近處的打法。

★★★ 兩種防守型接發球

① 搓長球
② 擺短

拍頭稍微揚起。

★★★ 角度

球拍與球檯呈45度。

稍微揚起

★★★ 擊球位置

擊球點在球上升到最高點之前。

抓準球剛彈起的
時間點

角度呈45度

★★★ 腳

配合右腳跨出一步的動作揮拍。

配合右腳動作揮拍

桌球的規則

桌球規則有許多細節，大家要好好了解並嚴格遵守。
以下介紹幾項主要的規則。

★★★ ## 關於比賽

比賽服裝

　　基本規定是上半身穿著短袖或無袖上衣，下半身穿著短褲、短裙或單件式連身運動褲裙。

　　比賽時，上衣背面得有識別球員、協會或其俱樂部名稱的數字或文字，須縫上號碼布。

　　在國家級比賽的團體項目中，同隊球員應穿著相同的服裝。

比賽進行方式（單打）

❶ 先打招呼
最開始就是打招呼。
對於對手與裁判，都要表現良好的禮儀。

❷ 交換檢查球拍
檢查球拍，思考對手的打法風格，同時也要檢查球拍有無違反規定。

❸ 決定發球方與接發球方
用猜拳、拋硬幣等方式，決定發球方與接發球方。

❹ 每發 2 分球，就交換發球
但進入10比10（丟士）的情況時，每發 1 分球就交換發球。

❺ 得到 11 分就結束一局
丟士的情況下，會持續到其中一方領先 2 分為止。一局結束後就互換方位。

❻ 在規定的局數內競賽
現在的主流是五局或七局制，贏得其中三局或四局的一方，即獲得勝利。

發球規則

❶手掌張開

拋球的手要完全張開，不可以把球握住。

❷球需拋起16公分以上

球要拋高到距離球檯16公分以上再發球。

❸要觸及自己的檯區與對手的檯區

發球與來回對打時不同，自己的檯區與對手的檯區都必須觸及。

不良行為

不良行為就是不可以做的事。若情節重大，有可能會判對手得分。

- 大聲叫喊
- 故意破壞球

- 故意用力將球打到場外
- 踢踹球檯等用具
- 無視裁判等人員的指示

一定要記住的比賽規則

●比賽會繼續進行的狀況

- 球觸網後進入對方檯區
- 球碰到手（手腕以下）後進入對方檯區
- 球碰到對方檯區的球檯上緣
- 擊球後，腳或身體越過對方檯區範圍
- 球通過球網的網夾外側，進入對方檯區

●判對手得分的狀況

- 球拍觸網
- 拋出球拍碰到球
- 球觸及自己檯區前就回擊
- 球碰到天花板後進入對方檯區

- 手觸及檯面
- 球碰到對方檯區的球檯側緣
- 球碰到自己的衣服

休息。暫停

❶局與局之間，有 1 分鐘的休息時間
　　休息時間，球拍要放在球檯上。

❷每打完 6 分，可以做短暫的擦汗休息
　　決勝局換方位時，也可以短暫休息。

❸一場比賽可以喊一次暫停，
　以 1 分鐘為限
　　兩手比出「Ｔ」的手勢示意。

指導

比賽開始前，可報備一位指導者，提供選手指導。
高中生以下的比賽中，僅有休息或中斷（暫停）時可以接受指導。

促進制度

一局比賽進行 10 分鐘以上仍未結束時，實施此制度以加快比賽進行。
接發球方選手若完成 13 次有效回擊，就判接發球方得 1 分。
每發 1 分球就交換發球。

雙打的規則

❶雙打應輪流擊球，不可以同一個人連續回擊
　　要遵守擊球順序。

❷發球時要從正手位 (右半區) 發到位於對角線上的對方檯區區域
　　與單打不同，發球方向是固定的。

❸發 2 分球後，由原本接發球的球員發球
　　如果剛才是由自己接發球，下一回合就是換自己發球。

❹前一局先接發球的一方，在下一局先發球
　　決勝局中，其中一方先得 5 分，雙方就要交換方位，並交換球員接發球的順序。

桌球用語解說

一定要記住！

練習與比賽中，會使用到許多桌球用語，一起來學習這些用語的正確含意吧！

● 球檯上緣

即球檯檯面上的邊緣，碰到這裡不算出界，這種球叫「擦邊球」。擦邊球很不好打，所以打出擦邊球的球員通常會根據運動禮儀表示歉意。

● 球檯側緣

不在球檯檯面上的側邊部分。

● 檯區

球檯上以球網為界，區分為兩邊的區塊。靠近自己這側的叫己方檯區，靠近對手那側的叫對方檯區。

● 端線

畫在球檯自己這一側與對手那一側邊緣的橫線，發球的位置不得進入這條線內側。

● 中線

球檯正中間連接著自己這側與對手那側的直線。

● 球檯上緣

即球檯檯面上的邊緣，碰到這裡不算出界，這種球叫「擦邊球」。擦邊球很不好打，所以打出擦邊球的球員通常會根據運動禮儀表示歉意。

● 一場（A Match）

比賽的單位。通常一場比賽會比五局或七局。

● 一局（A Game）

規則所訂一場比賽的基本單位，以前也稱做Set，每局11分。

● 單打

一對一的比賽。

● 雙打

二對二的比賽，規則和單打有些許不同之處。

● Love All

比賽開始的宣告，意思是零比零。

● 丟士

11分制的一局中，進入10比10的狀態。之後比賽會持續進行，直到有一方領先2分。

● 賽末點

比賽中，領先方再贏得一分即可獲勝的情況。

● 發球得分

對手無法回擊自己的發球，己方因此得分。

● 換邊發球

與對手輪流發球。通常是每發2分球就交換，進入丟士時則每發1分球就交換。

● 重發球

諸如發球觸網等情況下，並不會造成得分時的宣告。此時必須重新發球。

● 交換方位（換邊）

每局都要交換雙方站的方位，決勝局會在任何一方先得5分時進行交換。

● 觸網

球碰到球網後，進入對方檯區。在發球時會判觸網重發球，但在來回對打的過程中，屬於有效球。

● 場內教練

在場邊提供選手指導的人。高中生以下的比賽中，教練只能在比賽的休息與暫停時間提供指導。

漫畫　**大富寺航**

活躍於各種領域的漫畫家與插畫家。作品有「歷史漫畫生存」系列《生存在江戶城鎮》（朝日新聞出版）、《脫線小女警》（芳文社出版）等。

翻譯　**陳姿瑄**

國立臺灣大學日本語文學系畢業。譯作有《經典圖像小說：莎拉公主》、《經典圖像小說：湯姆歷險記》、《經典圖像小說：羅密歐與茱麗葉》、《經典圖像小說：三劍客》、《經典圖像小說：銀河鐵道之夜》、《小學生志願指南：長大後你想做什麼？立定志向從現在開始！》、《經典圖像小說：阿爾卑斯山的少女》、「就是愛球類運動」系列（以上皆為小熊出版）。

監修　**山口隆一（阿口）**【WRM】

效力於日本職業桌球隊「琉球未來太陽隊」。於WRM上傳桌球教學影片至YouTube，頻道訂閱人數已超過十三萬人。在全國各地講課，致力於推廣桌球。

審訂　**王明月**

國立高雄大學運動競技學系教授兼系主任。前桌球國手，曾擔任2000年雪梨殘障奧運、2012年倫敦殘障奧運及2016年里約帕拉奧運桌球執行教練，目前擔任國立高雄大學男、女桌球隊教練。

吳文嘉

臺灣桌球名將，多次擔任國家代表隊教練。15歲時首度當選國手，屢屢獲得桌球單打、雙打全國冠軍，打球時具有旺盛的鬥志，人稱「小霸王」，桌球最佳世界排名為第26名。目前擔任桌球教練，全力培育新一代選手。

童漫館
讓你技巧進步的
漫畫圖解桌球百科
就是愛打桌球！

漫畫／大富寺航
監修／山口隆一（阿口）【WRM】
編劇・編輯協助／株式会社ウェルテ
解說插圖／春野真
協助／WRM
裝訂／修水〔Osami〕
翻譯／陳姿瑄
審訂／王明月、吳文嘉

參考資料

《看了就會懂！越打越進步！桌球基礎與練習》
（池田書店）

《幫你贏得比賽！桌球的新教科書》
（日本文藝社）

《短期間內絕對進步！通往勝利的桌球》
（Mynavi出版）

《桌球的三步驟課程》
（桌球王國）

小熊出版官方網頁

小熊出版讀者回函

總編輯：鄭如瑤｜文字編輯：姜如卉｜美術編輯：莊芯媚｜行銷主任：塗幸儀
社長：郭重興｜發行人兼出版總監：曾大福｜業務平臺總經理：李雪麗｜業務平臺副總經理：李復民
實體通路協理：林詩富｜網路暨海外通路協理：張鑫峰｜特販通路協理：陳綺瑩｜印務經理：黃禮賢
出版與發行：小熊出版・遠足文化事業股份有限公司｜地址：231 新北市新店區民權路 108-2 號 9 樓
電話：02-22181417｜傳真：02-86671851｜劃撥帳號：19504465｜戶名：遠足文化事業股份有限公司
客服專線：0800-221029｜E-mail：littlebear@bookrep.com.tw｜Facebook：小熊出版
讀書共和國出版集團網路書店：http://www.bookrep.com.tw｜讀書共和國出版集團客服信箱：service@bookrep.com.tw
團體訂購請洽業務部 (02) 2218-1417 分機 1132、1520｜印製：凱林彩印股份有限公司
法律顧問：華洋法律事務所／蘇文生律師｜初版一刷：2019 年 9 月｜初版七刷：2022 年 2 月
定價：420 元｜ISBN：978-986-97916-3-2

Umakunaru Takkyu ©Gakken
First published in Japan 2018 by Gakken Plus Co., Ltd., Tokyo
Traditional Chinese translation rights arranged with Gakken Plus Co., Ltd. through Future View Technology Ltd.

國家圖書館出版品預行編目 (CIP) 資料

就是愛打桌球！：讓你技巧進步的漫畫圖解桌球百科
／山口隆一監修；大富寺航漫畫；陳姿瑄翻譯 .-- 初
版 .-- 新北市：小熊出版：遠足文化發行, 2019.09
176 面；22.6×18.6 公分 .--（童漫館）
譯自：うまくなる卓球
ISBN 978-986-97916-3-2（精裝）
1. 桌球 2. 漫畫

528.956　　　　　　　　　　　　　　　　108010544

MANGA **TABLE TENNIS** PRIMER